케이엠 시인선 009
가자미식해를 기다리는 동안

조성순

고향집 늙은 감나무들께 이 시집을 바친다.

가자미식해를 기다리는 동안

자서自序

이미 한 편의 시詩인데

세상살이 이미 한 편의 시詩인데 무늬를 더해서 뭐하나 하다가 그래도 허전하고 아쉬워 상을 차렸다.

차린 게 없어 가시는 발걸음 돌부리에 채일까 봐 걱정된다.

겨울 햇살 한 올 만치라도 가슴에 닿았으면 좋겠다.

2017년 초겨울
남한산성 아래 우거에서
조성순 삼가

차례

자서自序 · 5

1부

눈사람 · 13
우물 · 14
선풍기 · 15
괄호 · 17
고양이가 온다 · 19
목련 · 21
구멍 파는 여자 · 23
낙조 · 25
노루귀 · 26
반쪽 · 27
광교산 · 28
너도바람꽃 · 30
연애편지 · 31
돈 · 32
막막 · 33

납작만두 · 35
바닷가재를 먹다 · 37

2부
반성 · 41
삼월의 눈 · 42
구두 · 43
개망초 · 44
고고孤高 · 46
매미 · 47
늙은 감나무 · 48
타관에서 · 50
소백산 · 52
송광사 새벽예불 · 55
금강초롱 · 57
햇살을 기르다 · 58
얼바우 박 선생 치대를 곡哭함 · 60
전등傳燈 · 62
정전 · 63
자화상 · 65
말무덤 · 66

3부

독백 · 71

밥 · 72

몸살 · 73

가자미식해 · 74

다른 길 · 77

바닥 · 79

보배 · 80

아리랑 · 81

문신 · 82

사월식당 · 83

소쇄원瀟灑園 · 85

폭포 · 87

먹물 · 88

춘분 · 90

마지막 전사 · 92

두만강식당 · 94

4부

애수의 소야곡 · 99

미나리 · 100

홍어 · 101
터미널 · 103
틸리초 가는 길 · 105
귀 · 107
넥타이 · 109
샌드플라이 · 111
딸에게 · 113
또섭이 · 115
무지개 · 117
서영길 · 119
매살롱 가는 길 1 · 120
매살롱 가는 길 2 · 122
하모니카 소리 · 124
냉이꽃 비나리 · 126

해설 농경사회의 눈으로 세상보기·127

1부

눈사람

바람이라도 불면
키 큰 미루나무에서
맑은 종소리가 울렸다.

소녀들의 책 읽는 소리
가끔 허공에 무늬를 그렸다.

정지된 시간의 거울 앞
누군가 웃고 있다.

확인하면 안 된다.
금방 녹아 사라진다.

우물

내 몸 속
우물 하나 있네.
아득하여 깊이를 알 수 없네.
허허롭고 쓸쓸한 곳
우물 끝까지 내려가 보고 싶지만
두려워
돌아오지 못할까 봐 두려워
발길을 돌렸네.
그러나 난 알지
우물이 다한 곳
은하계 저 쪽
그 사람
이 쪽 우물을 들여다보고
가만히 귀 기울이고 있네.

선풍기

저 년 봐라
저 미친년 봐라
앙앙대는 저 년을 봐라
발 동동 구르며 안달복달 하는 너를 보면
적당히, 란 말은 구실에 지나지 않아
은유나 상징도 빛 좋은 개살구
은근 따윈 없다
애오라지 날아가는 총알이다
과거도 없고 미래도 없다
현재만 있을 뿐

새라면
장산곶매
대장장이 손끝에 불꽃이 튀고
으르렁거리는 용광로
임이야 울건 말건 돌아가는 물레방아
첫사랑에 징징대지 않고
추억에 연연하지 않고

오직 지금
더운 피 달래주는
짜장 사랑하는
나의 춘향아

괄호

그녀는 내 괄호이다.

움이다.
도장방이다.
머리카락 보일라 꽁꽁 숨겨두었다.
가끔 내키면 나는 움 속의 무를 꺼내 먹는다.
남몰래 먹는 사과가 맛있다.
달콤하다.
움 속의 무는 누군가의 손길을 기다려야 한다.
잠시라도 한눈팔면 무는 불안하다.
밤이면 거적때기를 걷고 그녀는 외출을 한다.
움 밖에서 그녀와 나는 남남이고
움 속의 나와 그녀는 부부이다.
움 밖에서 그녀는 햇살 앞의 이슬
있어도 보이지 않는 투명인간
가면을 쓴 허수아비이다.

나도 움 속에 갇힌다.

그녀는 움 속의 나를 꺼내먹는다.
내가 그녀에게 파인애플인지 씀바귀인지는 모르나
그녀는 움 속으로 찾아와 내 안부를 확인한다.
가다 그녀가 내 움인지
내가 그녀의 움인지 헷갈릴 때가 있다.
난, 그녀가 내 움일 때보다
내가 그녀의 움일 때가 더 좋다.
강요된 복종은 참을 수 없지만
자발적 복종은 은혜롭다.

나는 그녀의 괄호이다.

고양이가 온다

잠 없는 내 방에 고양이가 온다.
이건 횡재나 다름없다.
고양이는 내 외로움을 모르고
난 고양이의 처지를 모른다.
어둠이 내린 커튼 옆에 와 처량한 소리로 칭얼대는 건
뭔가 생존에 필요한 것이 있기 때문일 게다.
고양이는 내 포악한 심성을 알아채지 못하고
나는 숨겨 논 고양이의 날카로운 발톱을 못 본다.
알아도 모르는 척해야 한다.
그래야 인생이 순탄하리란 걸
해와 달이 가르쳐줬다.
날이 새면
고양이는 그의 세상으로
난 내가 노는 곳으로 가서
익숙하게 지내다가 골방으로 돌아와
새로운 저녁을 맞을 것이다.
고양이는 생존에 필요한 게 없으면
오지 않을 것이다.

그게 없어도 내 곁에 머문다면
순정이 있다 할 게다.
그러나 나는 지금 고양이가 필요하다.
어둠이 내린 커튼만으로
잠을 부를 수가 없다.
하다못해 골목길에 나가
능소화가 얼마큼 변했는지
어제보다 속눈썹이 얼마나 자랐는지
살피고 와야 한다.
꼭 그래야 하는 것은 아니지만
그래야 해와 달이
즐거워할 게다.

어둠이 내린 커튼 아래에서
고양이를 기다린다.
고양이의 간절한 울음소리는
내 심장에 불을 지르고
고양이는 장마를 이겨내는 우장雨裝이 된다.

목련

어디서 튀밥 튀기는 소리가 펑펑 난다

충무로 대한극장 맞은편 비좁은 골목
알싸한 최루탄 향기 천지를 진동하는데
마스크를 끼고 손수건으로 막아도
눈물 콧물 주체할 수 없이 마구 흐른다.
가쁜 숨 헐떡이며 올챙이처럼 올망졸망
숨죽이고 엎드려 있는 짐승의 시간

-여기 사람이 죽어가고 있어요.
-그만 밟아요.
바람결에 들리는 가냘픈 소리

피기도 전
그날 꽃망울이 졌다.

불의에 불끈 주먹 쥐고
직장도 쫓겨나 거리로 내몰리던

뜨거운 가슴도 잊고
오직 먹고 살기 위해 분주하게
앞만 보고 달려온
날들

문득
살만해요?
나, 어때요?
웨딩드레스 곱게 차려입고
나뭇가지에 걸터앉은 당신

당신의 웃음에는
튀밥 튀기는 소리가 펑펑 들린다.
알싸한 향기가 난다.

구멍 파는 여자

 구멍 파는 여자가 있었다. 누가 보든 말든 혼자 구멍을 판 후 휘파람 한 자락을 불어넣은 뒤 꽃잎 한 장 덮어놓고 길을 간다. 그렇게 길을 가다가 적당한 데서 또 구멍을 파고는 휘파람을 불어넣고 꽃잎으로 마개를 한다. 그 적당한 곳은 그녀가 소피가 마려웠는지 바람이 발걸음을 붙잡았는지는 오직 신과 그녀만이 안다. 그렇게 구멍을 파는 여자가 있다는 소문이 돌자 사내들은 그녀보다 그녀가 판 구멍이 보고 싶었다. 그녀가 구멍을 판다는 소문은 돌았으나 정작에 그 구멍을 본 사람은 하나도 없었다. 한 사내가 구멍 파는 여자의 일거수일투족을 감시하다가 드디어 구멍 파는 현장을 목도했다. 바야흐로 그녀가 구멍을 파고 꽃잎으로 막고 길을 떠나는 게 보였다. 그녀가 간 뒤 사내가 조심스레 꽃잎을 떼어내자 구멍이 입을 열었다. 그냥 아득하였다. 구멍에선 특별한 게 없었다. 다만 사내를 부르는 모양 휘파람새 한 마리가 노래 부르며 날아다녔다. 휘파람 소리를 듣자 사내는 자신이 왜 왔는지 잊어버리고 구멍에 머리를 집어넣었다. 구멍은 사내가 들어갈 만하게 점점

커졌으며 마침내 사내는 구멍에 들어가 아득한 저쪽 희미한 빛이 있는 쪽으로 걸어갔다. 그러자 구멍은 입을 닫았다. 사내는 돌아오지 않았다. 구멍 저쪽 세계가 좋은지 어떤지는 애오라지 사내와 신만이 안다. 풍문에는 여자가 판 구멍은 다른 세상과 통하는 블랙홀이라는 둥 이미 있던 블랙홀을 그녀가 사람들에게 알리기 위한 표지로 꽃잎으로 막아놓았다는 둥 구멍 속에는 온갖 시름을 잊게 하는 열락이 있어 사람들이 그곳을 방문한 목적을 잊어버린다는 둥…오늘도 구멍 파는 여자는 구멍을 파고 휘파람을 불어넣고는 꽃잎으로 마개를 하고 유유히 길을 간다. 사내들은 구멍 파는 여자보다 구멍에 더 관심이 많아 찾아 갔으나 아직까지 돌아온 사람은 없다.

낙조

입춘 갓 지나 바람이 아직 찬데
탑골공원 부근
비아그라 일라그라 자이데나
가짜 정력제 늘비한 만물상 앞
얼굴 주름이 굵은 밭고랑으로 팬
늙은 오빠
몇 번이나 망설이다가
꼬깃꼬깃한 지폐 건네고
무언가 받아 급히 주머니에 감춘다.

녹색 신호 받아 건너는 발걸음이
쿵, 쿵, 전쟁터로 나가는 대장군이다.
구부정한 어깨가 눈보라 몰아치는 산맥 같다.

노루귀*

오지 않아도
오랜 세월 지나도
잊히지 않는 사람의
발소리

귀 쫑긋 세우고
다음 생에도
그렇게 기다릴 거다.

*노루귀: 봄에 피는 야생화

반쪽

 감아도 떠도 거미줄에 걸린 나비 모양 마음의 현에 걸려 있다. 잔잔한 바다 아기 바람이라도 불면 나비는 날아갈 법도 한데, 까치놀 뜬 성난 바다 줄 끊어진 연으로 허위단심 어디론가 갈 법도 한데 속절없이 집으로 돌아오면 어느새 방 한가운데 똬리를 틀고 앉아 있네. 애써 있으나마나 무시하며 대로를 활보하며 힐끗할끗 담 너머 이웃 여자 목욕하는 알몸 훔쳐보듯 희희낙락 부유하며 즐기다가 집으로 돌아오면 옻칠한 캄캄한 밤 바알간 숯불 되어 언 손을 잡아주네. 그런 네가 싫고 무서워 슬금슬금 마실 나가 유곽 집 때깔 고운 꽃, 해웃값 주고 한 세상 잊으려 해도 순간 내가 거미줄에 걸린 나비가 되고, 동아줄에 매인 배가 되어 너의 바다 지향 없이 헤매고 있구나. 오, 이러지도 저러지도 옴짝달싹할 수 없게 하는 나의 하느님

광교산

멀리 가려고 몸을 납작 엎드리고 다리는 뒤로 한 채
유유히 허공을 유영하는 새
그 새를 가슴에 담고 그대 만나러 간다.
세상에 담은 많고 높아 답답하기 그지없는데
사막을 걸어가는 낙타로 살아가는 내게
어둠 속에 반짝이는 별빛으로
그대 나를 불러 품에 안기러 간다.
겨울은 갔으나 아직 봄은 머뭇거리고
날은 쌀쌀한데
실금 같은 길을 좇아 한 걸음 두 걸음 가다니
어느새 마루로구나.
손을 뻗으면 맞은편 등성이 손을 내밀어 반기고
보일 듯 말 듯 한 기운이 우듬지에 모여
그댄 막 고운 털옷 입은 한 마리 귀여운 곰이로구나.
세상은 미망이나 연둣빛 신록 품속에서 피려하니
돌아가는 길 덜 아쉽고
발걸음은 환한 곳만 향한다.
그댄 어느새 내 가슴에 똬리를 틀고 앉아

거친 바람에도 흔들리지 않고
어두운 뱃길 밝혀주는 등대가 되었네.

너도바람꽃

 군대 가서 첫 휴가 받아 휴가증 고이 접어 가슴에 넣고 한껏 들뜬 마음으로 용산역에서 고향 가는 표를 사려고 길게 늘어진 줄 꼬리에 서 있었지. 근데 어디선가 갑자기 돌개바람이 휙, 모자를 낚아채 가지 뭐야. 모자를 잃어버리고 중대가리로 돌아다니는 군인은 탈영병이거나 무적의 싸이코패스야. 당황하여 둥실둥실 날아가는 모자를 정신없이 따라가다 보니 모자는 어느 후미진 좁은 골목 끝에 가서 떡 멈춰 서는 게 아니냐. 쉿, 바람의 정체는 생계형 꽃이었어. 어쩔 수 없이 꽃값으로 휴가비를 탈―탈 털어주고 모자를 돌려받았지. 꽃이 피었는데 벌 나비가 오지 않으니 꽃은 살기 위해 길을 나선 거야. 가끔 도회를 떠나 배낭을 메고 깊은 산속 길을 가다가 어디선가 오라버니, 하고 부르는 소리에 두리번거리다가 돌아보면 길가에서 말갛게 새살거리는 게 발걸음을 붙잡고 있지 뭐야. 쿵쾅거리는 가슴 진정하고 쪼그리고 앉아 가만히 보니, 오호라, 지난날 벌이 되어, 나비가 되어 좁은 골목길을 허겁지겁 쫓아가서 만난 더운 숨결이 바로 너였구나.

연애편지

 고등학교 때 같은 동네 살던 친구의 전도로 사이비 신자가 된 적 있다. 성경 읽기 대회에 나가 2등도 했다. 어느 날 전도사께서 울릉도 어느 교회 소녀들과 펜팔을 해보라고 하셨다. 한 통 써서 보냈더니 수십 통 아니 수백 통 답신이 왔다. 피보다 검붉은 서러운 동백꽃과 한번 내리면 처마도 덮어버리는 눈과 검은 밤바다를 별자리로 수놓은 오징어잡이 배 등불이 시도 때도 없이 내 방으로 왔다.
 소녀들이 보내준 파도가 이불이 되었다. 나는 그 파도를 타고 얼굴도 모르는 소녀들과 물마루에서 놀았다.
 직장에 아프다 핑계 대고 물너울 파고 높은 어느 초겨울, 반백에 울릉도를 처음 가봤다. 서리 묻은 단풍보다 더 고운 동백이 반쯤 입을 열고 고혹적으로 웃고 있는 해담길, 한 떼의 소녀들이 붉은 입술연지에 노란 잇몸을 드러내고 동백나무 숲으로 뛰어든다. 꽃나무 가지마다 걸터앉아 다음번엔 늦지 마, 하고 눈 흘기고 있었다.

돈

아내와 돈 때문에 다투고
한 달간 말도 못 하고
전전긍긍하고 있는데
동무가
돈 100만원을 빌려 달라 한다.
고민하고 고민하다가
시집 내려고 몰래 꼬불쳐 둔 돈을 보냈다.
동문 엉엉 울었다.
통장에 865원밖에 없다고
이번에는
누군가 제주도에서 돈 때문에 죽겠다고 하는데
그걸 막으러 가야하는데 비행기 값이 없다고
개새끼들, 아무도 전화를 안 받는다고
꼭 갚겠다고…

돈이 미워서
나도 울었다.

막막

타이 말에 막막이란
좋다는 뜻이다.
디 마막은
아주 좋다는 의미
세상살이 즐거운 게 없이 사는
나는 이 막막이 신기하고 요술봉 같아
만나는 사람마다
막막 하고, 인사 대신 말한다.
그럼 내 앞의 사람은 웃고
한편으론 웬 미친놈 하다가도
막막, 하는 나를 돌아보고
다시 웃는다.
그럼 디 막막 하는 내게
짜장 환하게 웃는 것이다.
막막은 막막한 데서 왔을 것이다.
그래서 반전을 꾀하고 막막함을 이겨내고자
조금씩 희망을 불렀을 것이다.
한국말의 싸다와 비싸다 같이

천금이 싸다, 만금이 싸다
천금이 비싸다, 만금이 비싸다
말은 주술적인 것
막막한 나는
막막을 입에 올려
희망의 주사를 놓는다.
좋다는 별에 다리를 놓는다.

*이 글을 쓰고 난 뒤, '디'가 '좋아요'이고 '막'이 '아주' 정도의 의미란 걸 알게 되었다.
시는 진실성을 추구하나 사실을 기록하는 형식은 아니다. 그래서 여기에 남긴다.

납작만두

납작만두는
당면 조금, 정구지 조금 소로 넣고 밀가루 반죽하여 대충 누른
수수부꾸미 같기도 하고
빈대떡 모양 볼품없이 그냥 납작한
먹을 때면 이게 왜 그리 유명한가, 갸웃하고 젓가락을 움직이고
식미에 따라 고춧가루를 치기도 하고 간장을 얹어
시킨 것 하릴없이 먹고 나서
보통 반쯤 후회하며 분식집을 나서게 되지.
분식집을 나서면서부터
까닭 없이 한번 뒤를 돌아보게 되는데
그러나 그게 이유 없이 돌아본 게 아니란 걸
아는 사람은 알지.
대구를 떠나 부산이나 서울 어디 타관 땅을 가더라도
가끔 납작만두가 무심코 떠오르게 되고
그러다가 거미줄에 걸린 나비 모양
생각이 걸리게 되지.

나중에 그게 중독이라는 걸 알게 되지.
하던 일이 잘 안되고
일이 있어도 손에 잘 안 잡히고
부족한 그 무엇을 말 못하는 몸이 갈망할 때
그건 납작만두를 못 먹어서 그렇다는 걸
아는 사람은 알 거야
수십 년 만나지 못한 벗도
잊히지 않고 은은하게 미덥고 생각나는 모양
감칠맛은 없어도
늘 아련하게
문득 소용돌이치며
그리움으로 다가오는
동글납작한 내 여자야

바닷가재를 먹다

뉴질랜드 남섬 북단
카이코라는 마오리 말로
바닷가재를 먹다는 뜻이다.
옛 마오리 모험가가 이곳 가재 맛이 하도 좋아
마을 이름을 카이코라로 지었다.

바닷가재는 종로2가 반줄에서 잘하던 요리
가난한 시골뜨기 대학생은
치즈 담뿍 얹은 가재를 코로 먹었다.
그걸 사준 서울 아가씬 아득하였다가
바닷가재를 먹는
카이코라 바닷가 내 앞에
분홍 잇몸을 드러내며 온다.

카이코라 바다 빛깔은
백 가지
천 가지
만 가지

다양한 바다색 모양
바닷가재도 입 안에서
갖은 향을 풍기며
추억을 안고 온다.

바닷가재는 굳센 집게로
잊힌 사랑을
끄집어내고

바닷가재를 먹으면
사랑은 분홍 잇몸을 드러내고
물방울무늬 원피스를 입고
환하게 달려온다.

2부

반성

내가 잘못한 것은
교단에 섰던 것
교단에 서서
무엇인가 확신에 차서 가르쳤던 것

내가 잘한 것은
그나마 잘한 것은
교단을 내려온 것
더 이상
허세부리지 않고
조용한 고양이가 된 것

좁다란 담장 위를 살금살금
가을 햇살 맞으러 간다.

삼월의 눈

백년 만에 폭설은 내려

두루 물물物物

하늘의 은혜로운 축복에 들다.

나무들은 머리와 팔다리로 조물주의 선사를 받들어

묵상에 잠기고

아이들은 운동장을 경중경중 뛰어다니며 복을 기른다.

오늘 하루

정치 얘기 돈 얘긴 하지 않을 거다.

구두

구두는 왜 발에만 신어야 하나
손이나 머리에 구두를 신을 수는 없나

아득한 곳
멕시코, 나비치과라 이름 짓고 한 여인이 사는 곳
골목길도 엉덩이를 흔들며 춤추는 쿠바
시베리아 횡단열차를 타고 이르쿠츠크로 달렸다

오늘은 자작나무 숲에서 바람을 맞으며
온종일 서 있었다.
그리운 게 있기 때문이다.

생각이 구두를 신었다.

개망초

깊은 산 속 너른 공터
개망초 꽃들 웅성거리고 있다
수천 송이 수만 송이 동무 하고
산 속의 오후를 고즈넉 밝히고 있는 모습
가슴이 서늘해진다.
저 개활지는 한때 사람들이 공들여 농사짓던 터전
농사짓던 사람들
밭이랑에서 너를 보면
재수 없다고 뽑아서 멀리 팽개쳤으리라
억척같은 놈들이라고 둔덕 밖으로 내던졌을 것이다.
그러다가 개망초는
눈치 보며 슬금슬금
둔덕에서 개활지로 시나브로 발걸음을 옮겨놨을 것이다.
살아보자, 함께 살자 엉금엉금 기었을 것이다.
농사꾼들 하나둘 삶의 터전을 도회로 바꾸거나
주소지를 다른 별로 옮긴 뒤
개망초들 슬금슬금
둔덕 넘어 촛불 하나씩 들고

점령지를 밝히고 있다.
벌 나비 불러 모아 잔치를 열고 있다.
사람들이 떠나간 공터
자신들의 의지로 공화국을 만들어
산 속의 하루를 밝히고 있다.

고고孤高

다섯 잠 잔 누에
잠박에서 뽕잎 갉아먹는 소리

울진 소광리 금강솔숲에 고즈넉이 비 내리는 소리

배춧잎에
늦가을 비
종종 걸음으로 급하게 잎 밟으며 지나가는 소리

봄날 새순 돋듯
소리 끊긴 자리
아득히 오는
김소희 구음口音

매미

저놈
또 왔다.
무엇을 하소연하는지
까닭을 알고 싶지만
들어도 모르는 딴 나라 말씀
뜨고도 못 보는 당달봉사
소리를 질러 나를 독 안에 가두고
온 동네를 물밑에 가라앉게 하는 놈
네 암호를 분석해
사연의 실타래를 풀어보고자 하는데
생각은 빠르고 몸은 느리다.
지구별 위
수많은 내가 네 사연을 궁금해 하고
부지기수의 네가 찾아와 운다.
막무가내
언어도단
다음 생에도 이어질
인연 한번 모질다.

늙은 감나무

 늙은 감나무에 눈이 내렸다. 가지마다 쌓인 흰 눈이 오랫동안 수행한 노승의 눈썹 같다. 나뭇가지들은 바람이 불면 떨어질세라 조심조심 가만히 있다. 바람이 아니라 햇볕이 꿈을 이지러지게 할지라도 지금은 엄숙함을 지키고 내면의 소리에 귀를 세운다.

 청명 곡우 지나 뻐꾸기 울음에 몸살을 하더니 아지랑이 기운 같은 게 우듬지로 퍼진다. 가지마다 가녀린 손끝마다 투명한 연둣빛 사랑이 핀다. 거무튀튀한 살갗이 매끄러운 옥돌보다 더 멋있다. 바람이라도 불면 연둣빛은 자랑이라도 하듯 우쭐거린다. 늙은 몸뚱이에 내린 해님의 은혜가 무량하다.

 봇도랑에 물 고이고 모낸 무논에 개구리 맹꽁이 짝 찾는 소리 무성하다. 어느덧 감꽃 지고 열두 살 계집아이 젖꼭지만한 열매가 맺혔다. 낮에는 아기 바람이 장난 놓고, 밤에는 달님이 은근히 실눈 뜨고 보고 간다. 저 사랑 틈에 작달비 왔다 간다. 뙤약볕도 쓴 약이다.

서늘한 바람 불어 들판은 황금빛 옷자락으로 치장을 하고 하늘은 손닿으면 파래질까 겁난다. 노을이 나뭇가지에 걸터앉아 놀고 있다. 창백하던 초록 땡감 낯빛이 점차 화색이 돌고 복사꽃빛이 되었다. 색동단풍마저 가시고 이윽고 서리 내려 창공의 등불, 찬란한 게 거룩하기조차 하다.

타관에서

전생의 꿈을
오늘 살고 있다.

낮달이 떠 있는 레온* 거리를
해야 할 숙제를 하듯
나는 왔다.

모두가 타인이고
모두가 벗인 나날
나그네에겐 빗방울도 반갑다.

빗줄기를 타고
바람이 멈추는 곳

발자국마다 키운 꿈을
내일은 어느 하늘 아래에 풀어야 하리.

걸음걸음 닿는 곳마다

기다리는 현실은 늘 새롭다.

*레온(Leon): 에스파냐 북부 레온 주의 주도. 산티아고 순례길에 있다.

소백산

  단단대령*이 두류산으로 가시다가 한 번 발걸음 멈추고 마련한 작은 백두산, 한반도의 등줄기에 부드러운 자락 펼치다. 싸아한 바람결에 반소매 옷이 어색한 여기는 아고산지대

  난데없이 나타난 고라니 산토끼 멀뚱히 바라보며 '왜 왔노' 하며 은근히 제 영역을 침범한 걸 탓하는 듯하고, 산도야지 씩씩거리며 나타나 제 새끼 침탈할까 눈 부라리고, 산새들은 죄죄 오가는 산객들 감시하는 원시의 영지

  연화봉에서 비로봉 가는 길은 마타리 터리풀 산수국 개당귀 솔나리 물봉선 정영엉경퀴 참배암차즈기 까실쑥부쟁이 투구꽃, 밤하늘의 별들이 낮 동안 고원에 내려와 몸 바꾸어 피어있고, 한 쪽 컨 지난봄 찬란했던 영화를 못 잊은 철쭉 군락 다음 봄을 준비하며 이파리 무성히 바람을 맞는다.

비로봉은 비로자나불을 기려 이름 붙인 곳, 경상도와 충청도의 지경, 두 개의 정상석이 기립해 있다. 하나는 크고 하나는 다소곳하다. 빗돌이야 허세를 부리든 말든 일월비비추 떼로 모여 멍때리고 있다. 걸음 옮길 때마다 따라와 웃는 동자꽃은 비로자나의 현신인가, 살짝 얼굴 붉혀 '낸 줄 알겠니' 한다.

 비로봉이 부처의 영지라면 국망봉은 나랏님 계신 곳 우러러보는 선비의 땅, 우뚝 선 바윗돌로 북쪽 향해 국궁으로 예를 표한다. 원추리도 두메부추도 너도바람꽃도 키를 낮추고 새끼손톱만 한 얼굴로 고즈넉이 해바라기한다.

 국망봉에서 늦은맥이재 가다니 얼룩무늬 옷을 입은 물푸레나무가 연대병력보다 많이 와 비박을 한다. 꺾어서 물에 놓으면 푸르스름해서 물푸레, 껍질 태우고 우려낸 잿물은 깊은 산속에서 도 닦는 스님들 옷 물들일 때 썼다 하고, 작은 놈은 도리깨에 매달려 타작하고 큰 놈은 도끼 손 노릇하고, 아득한 날에는 고을 원님이 명 내려 죄진 자한테 벌줄 때 썼다 한다.

 왔던 길 돌아보니 아득도 한데 능구렁이 한 마리 똬리 틀고 앉아 혀를 날름거리며 작별 인사를 한다. 이곳은 속진에 찌든 사람이 와서 마음 씻고 가는 수행 도량, 나는 지쳐 불구가 된 다리를 끌며 별 하나 따서 이마에 붙이고, 사람 사는 동네로 몸만 간다.

*단단대령: 백두산의 딴 이름.

송광사 새벽예불

 송광사에서 선암사 가는 길 아름답다고, 눈 내린 조계산 눈꽃보고 울지 마라는 바람이 전하는 말씀 듣고 마음 내서 여장 꾸려 송광사 아래 여인숙에 하룻밤 유숙했습니다. 길 가는데 새벽예불도 아니 볼 수 없는 의식이라 다음날 곱은 손 부비며 갔지요. 대웅전을 흔드는 웅장한 예불소리에 모골이 송연했습니다. 그런데 언제부터인기 남루한 옷을 입은 한 사내가 자꾸 흑흑 흐느끼며 두 손 모으고 절을 하는 겁니다. 예불 드리는 스님 가운데 한 분은 이제 그만하시라고 달래는데 그 속한은 무가내로 그저 흑흑 울며 참배만 합니다. 이제 와서 죄송하다는 듯 느껴 울며 절만 할 뿐이었습니다. 장엄한 사물 의례도 보고 송광사에서 선암사 가는 그림 같은 길 걸으며 눈꽃도 보고 선암사 무지개 돌다리도 보고 사는 곳 아득히 돌아왔지요. 돌아오니 송광사 예불도 조계산 눈꽃도 선암사 돌다리도 아니 생각나고 그날 새벽 남루한 옷을 입고 대웅전 바닥에 엎드려 울던 그 사내만 떠올랐습니다. 일 년 십 년 삼십 년이 지나도 그 사내는 내 가슴에 엎드려 울고 있습니다. 내가 그 사내 되어 대웅전 바닥에 머리 조아리고 울고 있습니다. 그 사내는 전생의 나였습니다. 송광사 새벽예불 드리러 가야겠습니다. 혹 다음 생의 내가 느껴 우는 나를 몽매하게 바라보고 있을지 모를 일입니다.

금강초롱

보랏빛 바다였다.

바위 틈새 외진 곳
수줍은 새악시 모양

겸허한 눈빛으로
대지의 소리 귀남아 늘으려는
고즈넉한 기다림

오욕의 인간사
돌아보게

한 번은 하늘의 계시
울릴 것 같은
쇠북

햇살을 기르다

사람이 없어도, 햇살은 동남향의 집 안에
오-래 머물다 갔다.
―햇살도 심심할 거야.
가을이면 고운 단풍 옷을 입은 남천을 보내기도 하고
어쩌다 난을 둬보기도 했다.
외로움을 타는 난은 가끔 나비나 벌을 유혹하는
꽃을 피웠다.
남천은 그저 묵묵했다.
바람이 가지에 올라 그네를 타거나
이웃이 꽃 대궁을 올려 잔치를 알려도
가만했다.
가끔 옷을 갈아입었다.
햇살은 있는 듯 없는 듯 놀다 갔다.
어둠에 어떻게 지낼까.
서로 도란도란 안부를 전할까.
남천도 난도 어둠이 오면, 잠을 잤다.
코는 골지 않았다.
처음엔 햇살이 베란다에 혼자 놀다 갔으나

난과 남천이 오고 나서 햇살은 그들과 동무했다.
햇살은 사시에 베란다를 채우고 어둠과 악수를 하고
헤어졌다.
고요가 늘 따라다녔다.

얼바우 박 선생 치대*를 곡哭함

물이 끓어
국수를 솥에 넣었는데
그를 건져
함께 먹을 사람이 오질 않는다

노새 타고 먼 길 떠난 사람아

바람결에 들려오는
술추렴 하다가도
불 없는 고물 자전거로 이십 리 길 달려갔다가
설한의 새벽, 어둠 더듬어 출근길에 올랐다는
삼년을 하루같이 아버님 빈소 지킨

남 가슴에 못 박는 말
빈말 허투루 하지 않던
늘 부끄러운 듯
얼굴에 단청불사 곱게 하시고
묵묵하던 얼룩바우여

술이 괴어
이제 걸러야 하는데
함께할 사람이 오질 않는다
아나키스트 박열의 삶을 기리어
우리 살림살이 형편 묻더니

문득
노새 타고 떠난 사람아

*박치대(?-2009): 소설가. 작품으로 〈아, 백두여〉,〈올가미〉,〈진달래 피고 지고〉 등이 있으며, 2009년 이월 초 생을 졸卒하다.

전등傳燈

호박꽃 속에
개똥벌레 한 마리 들어
밝히는
저 무구의 꽃등

팔만대장경 장광설이
다 들어 있구나.

정전

가로수가 뽑히고
전기가 나갔다.
천둥과 번개를 몰고 온 태풍으로
컴퓨터도 하던 일을 멈추고
출제하던 시험 문제도 다른 세계로 떠났다.

수돗물도 끊기고
텔레비전도
묵언 중이다.

아이들은
휴대전화를 들고 뭐라 외치고 있고
아내는 멍하니 소파에 앉아 있다.

거리엔
자동차들이 상기된 두 눈을 부릅뜨고 어디론가 질주하고
뇌가 없는 사람들이
내용 없는 말을 지껄이고 있다.

불이 나가고서
내 머리에 불이 들어왔다.

잃어도 잃은 것을 모르고
가져도 가진 것을 모르고
소중한 게 무엇인지 모르는 헛똑똑이

비 그친 텃밭에
파꽃이 느낌표 하나씩 들고 곧게 서 있다.

자화상

신들의 택배회사에서
지구별로 잘못 배송한 물건

말무덤*

말해야 할 때 말을 하지 않는다거나
말하지 않아야 할 때 말하는 것
모두
남의 마음을 훔치는 도둑이다.
말해야 할 때 말하지 않는 것은
말하지 않는 것으로 사람을 낚고
말하지 않아야 할 때 말하는 것은
말하는 것으로 사람을 꾀는 것이니
사람살이를 어지럽힌다.
말하는 것도 말이요
침묵도 말이다.
말해야 할 때 말하고
말하지 않아야 할 때 침묵해야
비로소 말의 온전한 주인이 된다.
쓸 데 없는 말 모아 무덤을 만드니
참 말만 꽃 피어
밝은 세상 이루고
가슴에

부질없는 말 묻으니
오가는 말의 길에
말꽃들 저마다 찬란하다.

*경북 예천군 지보면 대죽리 야산에 말무덤[言塚]이 있다.

3부

독백

고향의 부름을 받고 문학 강연을 갔습니다.
부족한 제게 분에 넘치는 행사였지요.

한참을 생각하고
말했습니다.
배춧잎 여린 속살같이
노르스름 파릇한 소년들 앞에서

제가 배워야 할 글자는
시골집 뒤란 늙은 감나무가 일러줬습니다.
제가 가야할 길은
오가는 등하굣길 지켜보던 학가산과
그 허릴 감싸 안고 흘러가는 내성천이
가르쳤습니다.

그걸 아는데 반백이 걸렸습니다.

밥

부도나 탑은 아닐세라
햇살과 바람과 물과
흙의 정기를 받은
한 몸 한 몸
먼 길 달려와
산목숨 위해
발가벗고 쌓아올린
거룩한 헌신
위없는 경지
재계하고 가식 없이 알몸으로 받들어 모신 고봉에
상서로운 눈발 내리다.

몸살

 감고 있으나 뜨고 있으나 세상은 보리밭 위에 놓인 알라 신의 뜨거운 한숨, 매일 아침 깎아도 눈치채지 못하게 솟아오르는 까칠한 당신의 턱수염, 고독한 섬 낭떠러지에 울림 없이 부딪치며 철썩이는 파도, 한 번 들어가면 돌아오지 못하는 타클라마칸 사막, 자취눈 밟고 지향 없이 가다가 발걸음 멈춘 그 여자네 집 사립문 안 선명한 구두 발자국

가자미식해

  속초 아바이촌 어물전 명자네 가게에 가자미식해를 부탁해 놓고
  그 가자미식해가 미시령을 넘어 서울의 내게 오기까지
  고향이 청진인가 북청인가
  술을 마시면 한껏 굴곡진 함경도 사투리를 쓰던
  수학을 가르치던 이 아무개가 찾아오길 기다린다.
  그이는 이젠 나를 만나러 올 수 없고
  또 올 수 없는 걸 알지만
  그곳에서 가자미식해를 먹으며
  가자미 둥근 눈처럼 쌍꺼풀이 굵게 진 커다란 눈을 껌뻑이며
  -이보라우 한 잔 들라
  할 것만 같아
  나도 이곳에서 가자미식해를 시켜놓고 그를 기다리는 것이다.
  가자미식해는 기다리더라도 금방은 오지 않고 또 오더라도

그가 오지 않는 것은
기다림이 부족한 나를 시험하거나 뒤늦게 나타나
반가운 건 이런 거라고 보여줄 것만 같아
인내심을 갖고 기다린다.
미시령을 넘어 가자미식해가 내게 오기까지
청진 앞바다 파도소리 같은 그를 기다리는 건
쓸쓸하면서도 아름다운 일이나.
술이라도 한잔 들어가면 그 파도소리는 더 굴곡질 것이고
눈발이라도 듣는다면
그와 나는 어깨동무를 하고 허청거리며 청진으로 갈 것이다.
현실은 각박하여
그가 나와 함께 가자미식해를 먹으러 이곳으로 오거나
내가 그곳으로 그를 만나러 가기는 어려울 것이다.
그러나 가자미식해를 고개 너머 저 쪽에 시켜놓고 기다리는 것은

세상엔 내가 아는 것보다 모르는 게 더 많고
그 모르는 것 속에 그가 내게 오거나 내가 그에게 간다는 게 있고
또 불가능할 것도 같지 않아 기다려보는 것이다.
그러고 보면 가자미식해야말로 오묘한 존재인 것이다.
가자미식해를 기다리는 동안 그가 내게로 오고
가자미식해를 먹다보면 어느새 그가 떡하니 내 앞에 앉아
큰 눈을 껌뻑거리며 술잔을 권하는 걸로 보아
가자미식해엔
남과 북이
이승과 저승이
너와 내가
없다.

다른 길
―박노해 사진전을 보고

한때
사회주의노동자동맹의 수괴로
불온한 생각을 전염병처럼 전파했던 위험인물
나는
먼발치에서 그를 바라봤으나 감히 그림자 옆에도
가지 못했다.
대학시절 학교 앞 주점에서 답답한 현실에
주먹을 쥐고 소리 높여 울분을 토로했으나
실은, 나는, 겁쟁이였다.

한번은
조용히 지내던 동급생 박 아무개가
사노맹의 일원으로 잡혀갔다는 소식을 듣고 얼마나
놀랐던가.
소리 없이 변혁을 꿈꾸고, 희망하고 실천하고자 했던
그는, 용기 있는 사람이었다.
용기 있는 자는 떠벌리지 않는다는 것을 그 때 알았다.

그 수괴가

세상의 이곳저곳에서 박은 사진들 앞에서
나는 발걸음을 멈추고, 가던 길을 돌아봤다.
제국이 침탈한 아프칸에서
희망의 사과나무를 키우는 사람들
남미 페루의 5천 미터도 더 되는
사랑하는 사람의 허벅지 뼈로 만든 피리를 불며
고갯길을 넘는 부녀
전쟁에 희생된 사람의 무덤가에 놓인 수선화

평화로운 것은 아름답고
평화를 향한 발걸음은 가치 있고 의미 있는 것이다.
한때
불온한 단체의 수괴였던 그는
눈빛은 격정이 갈앉고 발걸음은 힘찼다.
목소리는 낮았으나 밝았다.

누구에게나 다른 길이 있지만
평화로 가는 길을 함께 가자고 내미는 손은 따뜻했다.

바닥

그날
주가는 또 바닥을 쳤다.
샐비어 꽃밭보다 붉게 빛나던
전광판은
꽁꽁 얼었다.
깊은 바다보다 푸르고 고요했다.
객장에 서 있는
행운목도
난초도 침묵했다.

그렇게 끝났다.
날아오르던 한 사내의 푸른 꿈이
바닥을 쳤다.
레인보우아파트
샐비어보다 선연한 꽃이
바닥에 피었다.

보배

비 오다가 눈 내린
시의 나라

충청북도 옥천군 하계리
정지용 생가 우물터에서
하늘에서 떨어진
때 묻지 않은
고운 누뤼* 한 알 줍다

두근거리는 가슴 누르고
누가 볼세라
깨질까 봐
조심스레 품고
돌아오는 길

가슴에서 은은하게
우레 울었다.

*누뤼: 우박. 옥천 지역 방언.

아리랑

 백두산 너머 북간도 용정 해란강 일송정 푸른 기상에서 봤다고 하고, 마라도 아래 넘실대는 높은 물마루에서 봤다고 했다. 1.4 후퇴 때 부서진 한강 철교 난간을 부여잡고 떨며 건너던 이들의 옷깃에서 봤다는 사람도 있고, '80년 오월 광주 교련복 입고 도청 청사 지키던 저항군 소년의 맑은 눈빛에서 봤다는 이도 있었다. 어떤 이는 남도 육자배기 가락에서 들었다고 하고, 누구는 울릉도 성인봉 나리분지 보라 흰빛 도라지꽃 무리에서 봤다고 하였다.

 봤다는 이와 들었다는 사람 모두 무성하나 풍문인지 사실인지 확인할 수 없고, 누구도 그곳이 혹은 그게 없다는 이도 없다. 어디에도 없을 수 있고, 누구에게나 있을 수 있다. 남대문 시장바닥 장사꾼 손뼉 치는 소리에, 교회당 십자가 반짝이는 햇살에, 산사의 은은한 범종 소리에 있을 수 있다. 그러나 보거나 듣는 이의 귀와 눈이 열려 궁극에 닿아 있어야 한다. 가슴에 흐르는 강물이 이승과 저승으로 넘나들어야 한다.

문신

새는
날개로 허공에 문신을 새겨도
자국을 남기지 않는다.

가끔 그 문신
눈비 되어 땅에 내리신다.

사월식당

제주도
서귀포시 표선 바닷가
홀어미로 늙은 주모
4.3 때
아비는 산사람들한테
지아비는 토벌꾼들에게 보내고 나서
만들어온 전복해물사월당
그 맛이 기가 막혀
한 번 왔다간 사람들
잊지 못해
산지사방에서
시도 때도 없이 찾아오네.
중독된 사람들 그 맛의 비결을 넌지시 물어보면
비결은 비결이라 가르쳐줄 수 없다
주모는 주름살 가득한 얼굴로 빙그레 웃기만 하는데
그러나 표선 바닷가 사람들
사월식당 늙은 주모의 그 맛 비결은 다 알아
해마다 4월 그 날이 오면

동백꽃 진 뒤란 자리 깔아놓고
꺼이꺼이 통곡을 해
아침부터 밤늦도록 목 놓아 울어
그 눈물 모아 큰 독에 묻어두고
해물탕 끓일 때마다 한 숟갈씩 몰래 넣는다는 걸
오른손으론 아비 생각하며 흘린 눈물
왼손으론 지아비 못 잊어 내린 눈물
해물탕에 넣고 푹푹 끓인다는 걸

그 맛 잊지 못한 사람들
시도 때도 없이
산지사방에서 찾아오네.
표선 바닷가 홀어미로 늙은 주모
푹푹 끓인 눈물탕 그리워 찾아오네.

소쇄원 瀟灑園
―양산보 일기*

꿈을 접고
스승께서 주신
대나무를 심다.

터 다져
새로운 뜻 세우고

사립을 에둘러
분노와
부끄러움 가리다.

담 밑으로 물길 흐르게 하여
세속과 절연이 뜻 아님을 보이다.

벗들 돌아간 고요한 날
숲을 보니

푸른 힘줄 같은 기상

사뭇 엄숙하다.

화창한 날 맑은 바람
비 갠 날 밝은 달로**

선생님께서
오시다.

* 양산보梁山甫,1503-1557: 조광조의 제자. 스승 조광조가 기묘사화 때 능주綾州에서 사사賜死되자 열여덟에 낙향하여 여러 해 동안 원림園林을 조성했다. 이 원림은 못 다 이룬 사림士林의 꿈을 정원으로 실현한 것이다.
** '화창한 날의 맑은 바람과 비 갠 날의 밝은 달[광풍제월光風霽月]'은 송대의 시인 황정견이 '주돈이'의 인품에 대하여 한 말로 여기서는 양산보가 스승 조광조를 그리워함을 이른다. '양산보'는 스승을 사모하여 소쇄원의 집 이름을 광풍각光風閣, 제월당霽月堂 등으로 붙였다.

폭포

물이 길을 만나면 강이 되고
물이 벼랑을 만나면 폭포가 된다.
사람들은 폭포를 보러 가서 사진 박고
절경이야!
물 구경 잘했다고 돌아들 가지만
실은
물은 살기 위해서 낭떠러지를 뛰어내리는 거다.
바다를 만나기 위해
정신없이 미친 듯이
아니 정말 미쳐서
죽음을 감내하고서라도 가고자 한다.
죽어서라도 가고자 하여

마침내 간다.

먹물

 민대가리 속에 든 허영을 먹으면 무학은 국졸 국졸은 중졸 중졸은 고졸 고졸은 학사 학사는 석사 석사는 박사가 된다지.
 내 친구 불문학박사 허 아무개, 불란서 파리에서 학위를 받지 못하고 캐나다 퀘벡에서 박사학위를 받았지. 이 대학 저 대학 보따리 장사를 했으나 이미 불어는 지구별의 중심어가 아니라 변방에 날리는 눈발, 신생의 되놈들 말에 밀리고 이웃 동네 스즈키 혼다에도 밀리는, 파리를 가보지도 못한 어린 불문학도와 파리에서 학위 받은 늙은 교수들은 본 동네 갔다 오지 못한 지식 판매자를 못 미더워했네.
 내 친구 불문학박사 허 아무개, 밥벌이가 되지 않자 마침내 보따리 장사 끝내고, 아프리카 대륙의 검은 향기, 염소도 먹으면 흥분한다는 커피 가게를 냈는데 이름 하여 허 박사 커피, 사람들은 박사가 내린 드립 커피를 마시며 지식이 혈액으로 돈다고 즐겨찾기 했지. 허나 불문학과 커피가 아무런 관계가 없고 불어와 커피가 랑그와 파롤, 시니피앙과 시니피에의 관계가 아니란,

더욱이 커피 맛과는 하등 관련이 없다는 걸 알고는 하나 둘 허 박사 커피 집을 떠나가 버렸네.

 실의에 빠져 살던 내 친구 불문학박사 허 아무개, 어느 날 이름난 노량진 먹물낙지 집에서 먹물 낙지 안주로 술 한잔 하다가 갑자기 삼도천을 건넜네. 사인은 순환기장애로 인한 심장마비이나 실은 화기가 상승하여 기가 막혀 생을 마쳤네.

 세상을 속일 수 있었으나 세상에 속고, 남을 속일 수 있었으나 자신에게 속은 내 친구 허 박사, 먹물을 먹었으나 먹물이 싫고 먹물에 빠져 허우적거리다가 먹물로 갔으니 먹물이 원수로다. 먹물이여.

춘분

봄이 반이나 갔다.

웃고 살자던 아내와 싸우며
사반세기를 보냈다.
귀엽던 자식들도 징그러워지고
어릴 적 벗들도
병들거나 사고로
주소지를 옮겨가고 있다.

백양나무 새잎 나고
노란 개동백은 향기를 뿜어대는데
나는
까닭 없이 자꾸 슬퍼진다.

작고 소박한 것들을 쫓아내고
그 자리에
키 큰 빌딩들이
거만하게 서 있다.

희망을 품고
기다리는 즐거움이 있어야 하는데…

나라가 동강났다고
자결하던 비장도 무색해지고
오르는 아파트값과 비싼 주식만이
인구에 회자되고
통일을 말하는 이는
오래된 책 속에나 있다.

그래도
아직
봄이 반이나 남았다.

마지막 전사

갑자기 쏟아진 작달비에
비그으러 간 처마
기골이 장대한 노인이
안으로 들어오라 손짓한다.
따뜻한 차 한 잔에
노독이 녹는다.
천둥 같은 목소리 손짓으로
그는 장개석의 군인이었다.
쏟아질 듯 검은 눈에 고랑 팬 얼굴
풍찬노숙 타관살이
망국의 한이 담겨있다.
말이 통하지 않아
손으로 허공에 원을 그어 뭐라 하는데
버마에서도 타이에서도
쫓겨 다닌 생이
가슴으로 진격해온다.
노인은 윈난성 출신
장개석 국민당 93병단 마지막 전사

중국으로도 대만으로도
돌아갈 수 없다.
들어오지 못하게 한다.
매살롱은 국민당 보호구역
군대를 곁에 두고
군인과 경찰이 총을 들고 감시한다.
하늘이 열려 있고
땅에 길이 있어도
갈 데가 없다.

갈 수 있는 다른 길은
살아선 갈 수 없다.

두만강식당

두만강 하면 가슴이 아프고 눈시울이 절로 붉어져
길을 가다가도 이름이 보이면 손 내밀어 악수하고픈
나의 두만강이여
보고 싶다는 말 백 번이고 천 번이고 하고 싶구나.
사람 속이는 일 없이 그냥 순박한 사람들의 땅
토문이 고향인 할아버진 끝내 돌아가지 못하였어.
내 어릴 때 이름은 두만이
갈 수 없는 고향에 대한 그리움이 내게로 향했지.
두만강을 가고 싶지만 두만강은 너무 멀고
슬프지만 눈물이 말라 있을 때
두만강아, 난 너를 보러 가리봉동 옌벤족마을
수줍게 불 밝히고 이름 걸고 있는 네게로 간다.
초두부 소배필 이런 낯선 이름을 혀끝으로 기록하며
가만가만 강심으로 가본다.
나라가 동강난 날
강개하여 목숨을 끊어버린 우리 큰형님
이젠 생사의 주소를 바꾸어야 만날 수 있지만
그래도 두만강 그리운 이름을 입속에 되뇌며

초두부며 소배필 이런 음식을 몸속에 모시면
그리운 우리 형님, 아우야 하며 찾아올 것만 같아
두만강식당에 가서 음식을 찾는다.
중탕한 초두부를 먹으면 술기운이 가시고
소배필 수육을 먹으면 없던 힘도 솟구친다.
게다가 두강주 한잔이면
형님 우리 형님, 통일에 목숨 바친
우리 형님, 어느새 앞에 와 물끄러미 바라보신다.
아우야, 내 아우야
형님, 우리 형님
반가워 울다 지쳐 서로 부르다 보면
분단이 멀어지고 통일은 금방 이뤄질 것만 같아
두만강아, 네게 가서 초두부, 소배필, 날된장에 생파를 찍어먹으며
통일을 염원해본다.
목메어 부르고 부르다보면
내 몸에 들어와 굳은살이 된 분단은 조금은 말랑해지고
통일은 콩닥콩닥 고동치는 것이다.

4부

애수의 소야곡

 아내와 결혼하기 전 북악스카이웨이 호텔에서 약혼식을 했는데 흥이 난 양가에서 노래 한 자락씩 하게 되었지. 장인께서 애수의 소야곡을 답가로 하셨는데 누가 물을 끼얹은 듯 조용해졌지. 기러기 날갯죽지에 묻은 서리가 떨어지고 초가지붕에 박꽃이 피었다 졌지. 메마른 영혼이 단비 만난 모양 넋 놓고 소리의 독에 갇혀버렸지.
 나중에 할아버지께서 한 말씀 하셨지. "야~이야, 너거 장인, 소리 잘 하더라. 난 예천 통명 사람보다 소리 잘하는 이는 세상에 없다 캤더니, 너거 장인 소리가 거 못잖대."
 할아버지도 장인도 없는 별, 민들레 속씨가 봄 하늘 허공에 날리듯 어디선가 애수의 소야곡 아득하게 환청으로 다가와 가던 걸음 멈추고 한 동안 멍때린다.

미나리

녹다
얼다
녹다 하는 해토머리
겨울이 봄으로 가다 놀고 있는 습지에
여리고 푸른 기운이 어른거린다.
나는 광명한 곳에서 어두운 곳을 돌아보고
너는 질척한 곳에서 밝은 곳을 바라고 있다.
녹다가 언 얼음 따위야 아랑곳하지 않고
파란 손을 내밀고 있다.

홍어

첫사랑엔 깊은 바다 냄새가 난다.
기억의 밑바닥에 움츠리고 있다가
유유히 부상하여
왜 나를 돌아보지 않느냐고 닦달하는
낙동강 하구 모래톱 같은 날들이 흘러도, 흐르지 않고
아무렇지도 않게 눈비비고 부스스 일어나
도끼눈 뜨고 흘겨보는 진드기여
태생부터 달랐다, 두메에서 나고 자란 나와

비오는 날 흙탕물 질펀한 인사동 어느 골목이었던가.
술 귀신이 데려온 느닷없는 입맞춤이여
코 막고 엉겁결에 넘어버린 선이여
그렇게 비린내와 함께 우리는 하나가 되었다.
두부모는 잘라져도
기억은 칼이 감당할 수 없었다.
사라진듯하다가 돌아오고
쓸려 간듯하다가 밀려왔다.
비라도 부슬부슬 내리면

첫사랑은 오묘한 향기를 풍기고
나는 하릴없어
너를 만나러
얼큰한 첫사랑을 뵈러 간다.

터미널

산비탈 덕장에서 창공을 향해 줄지어 서 있는 자들은
전장에서 잡혀온 포로들이 아니다
허연 백지
흰 눈밭에 전향서 따위나 쓰는 나약한 패배자가 아니다.

은하계 저 편을 유영하는 꿈이 밤마다 베갯머리를 찾아온다.

무간지옥 같던 깊은 바다 밑이나
끝닿을 때 없는 난바다의 꿈도
이젠 시들하다
밤이 오면
낡은 천 사이로 불빛이 보여
별빛이 보여
두근거리는 심장으로 여기 왔다.

허허바다는 돌아갈 수 없는 과거

캄캄바다는 가슴 설레는 미래

강원도 인제군 용대리는
미래로 가는 터미널

바람과 햇살로
나약한 기운을 씻으며
전사들은 수행중이다

저 안거가 끝날 즈음 새 별자리가 생길 것이다.

틸리초 가는 길*

먼—
하면 슬픔이 차오르고
그리고 네가 온다.

눈을 뜨면 환하고
눈을 감아도
스스로 길을 만들며 오라 한다.

소리쳐 불러도
응답도 반향도 없이
무채색의 배경 위
흙먼지 바람에 날리는

가까이 가면 보이지 않고
떠나와 멀어지면
비로소 얼굴을 드러내는

바람만 스쳐도

부스스 돌들이 흘러내리는
더 이상 황량할 수 없는
그러나 돌아서면
그리움이 되어 사무쳐오는
물 없이 흐르는 강

*틸리초 가는 길: 안나푸르나 트레킹 길

귀

숱한 화살이 와서 꽂혔다.

파발마가 가져온 소식
바람이 전한 말
말이 말에 붙어 눈사람이 된 말

어떤 소식은
번지가 다르다고
그냥 왔다가 돌아가고

산속 깊이
달팽이집에서 장사하는 노파
화롯불에 소리를 한번 구워
길손들에게 내놓는다.

말들은
심연 깊숙이
향기 있는 싹을 갈무리한 채

배고픈 주인을 기다리고 있다.

싹이 나면
향기가 찬란할 것이다.

넥타이

몽골인들 복장에선 모자가 차림새의 마무리다.
모자는 형식이 아니라 내용이다.
모자를 쓰지 않으면
영하 40도의 추위에 뇌수가 얼어버린다.
그래서 모자는 의복의 완성이요
생활에서 빠져서는 안 될 필수품이다.

어떤 시인은
넥타이는 권위의 상징이라 매지 않겠다지만
난
넥타이를 맬 것이다.

모자가 필수품이듯
넥타이는 미학이다.
복식의 마침표다.

바람이라도 불면
넥타이를 매고

거리에 나서고 싶다.

바람은 넥타이의 마지막 무늬다.

샌드플라이*

아름답기만 한 경치는 추억이 없다.
쓸쓸하거나 황량한 게 들어가야
깊이가 생긴다.

찬란한 풍광 숨은 그림으로
너는 왔다.

따갑고
환장하는 가려움으로

누구나 자세히 보면 생채기 하나씩 있듯
외로움 속에서 풍경은 성숙한다.

가렵더라도 참을 수 있는 사람은
존경받을 자격이 있다고

여행이 끝나고
한참 지나야 그리움이 싹트고

비로소 풍경은 완성된다.

*샌드프라이(Sandfly): 중남미, 뉴질랜드 남섬 등 습지나 초원지대에 서식하는 흡혈성 곤충.

딸에게

꽃밭에 풀씨를 심어 꽃을 보는 건 착한 맘일 테지
또 그 마음을 보는 건 즐거운 일일거야
그 꽃 보는 마음으로 둘이 마주서서 웃을 수 있다면
서로 찡그리지 않고 입이 귀가 될 수 있다면
웃음꽃이 만발하고
꽃밭에는 웃음소리가 들릴 거야.

아가야, 내 사랑아
너는
한 때 흙[地]이었다.
물[水]이었다.
불[火]이었다.
바람[風]이었다.

아득한 우주에서 떠돌다 내게 안식을 가져다 준
느낌표이다
감탄사이다
우레다

찬란한 광휘다

이제 풀씨를 길러 꽃 보는 마음으로
조심스레 너를 보내니
기쁨과 아쉬움이
잘해주지 못한 아픔이 물밀어 오는구나.

사랑아, 내 아가야
꽃밭에 풀씨를 심어 꽃을 보는 건 착한 맘일 테지
또 그 마음을 보는 건 즐거운 일일거야
그 꽃 보는 마음으로 둘이 마주서서 웃을 수 있다면
서로 찡그리지 않고 입이 귀가 될 수 있다면
꽃밭에는 웃음소리가 들리고
웃음꽃이 만발할거야.

또섭이

여든 살 노인이
또섭이 장에 가는가, 하면
황송하여
입이 귀에 걸렸다.
스무 살 총각이
또섭이 거름 내는가, 하면
빙그레 웃었다.
대여섯 살 어린 것들이
또섭아, 또섭아 해도
흐흥 하고, 가만히 안았다가 내려놓았다.

오십년 만에 큰물이 나서
돼지 닭들이 떠내려가고
물너울이 방죽을 넘어 사랑채 아래까지 와서 넘실댔다.

그 해 또섭이 죽었다.
학교 파하고 물 건너 집으로 가다가 물살에 휩쓸린
아이들 셋 살리고

또섭이는 이십 리나 떠내려가다 고평다리에
걸렸다. 지게는 철둑 가에

해마다 그날이 되면
마을 회관에서 제 올린다.
사람 좋은 또섭이
사진 속에서 얼굴에 함박꽃 피우고 있다.

무지개

누구의 꿈이 걸렸나?

비 갠 오후
동녘 하늘에 높이 뜬 고운 얼굴

엄마 손잡고
공원에서 불던 비눗방울에 언뜻 비치던
황홀

어릴 적 침 묻혀 꾹꾹 눌러가며 쓰던
그림일기 속 별빛 같은

슬프거나 우울할 때
찾아와 달래주던

시름 많은 사람들
울지 말라고, 힘내라고
말없이 띄워놓은

하늘나라
색동편지

서영길

 술을 마시면 '비 내리는 고모령'을 잘 불렀던 서영길은 법적 사생아였다. 같이 살던 아비도 성을 준 아비도 가짜였다. 동국대학교 문학콩쿠르에 장원하여 문예특기생으로 입학해서 한 학기 다니고 방학하는 날 고향 가는 열차에서 낙상해서 죽었다. 주사가 심해 불시에 날리는 그의 왼손 어퍼컷을 모두 무서워했다. 먹장구름으로 짓누르던 가난과 옹이리진 슬픔을 조금씩 게워내 깁실 같은 시를 써냈다.

 시니컬한 미소가 1930년대의 모던 보이 이상 같은 그는 아직 스무 살이다. 목련꽃 핀 화사한 봄날, 서영길이 허공에 어퍼컷을 한 방 날리고 씩 웃는다. 그럼 나도 봄날이다.

매살롱 가는 길 1

타이 북부
국공내전 때
장개석의 국민당 잔류자들이 남아서 이루었다는
한 때는 양귀비를 심어 명성을 날렸던
이젠 차나무를 심어 이름난 우롱차 생산지
양귀비는 몽환적이고
차나무는 이성적이니
세상살이 참으로 알 수가 없다.
아득한 산속에 있다는 매살롱을 가려하는데
나는 이 나라 말을 모르고
쏭 태우 기사는 영어를 전혀 못한다.
매살롱 가는 쏭 태우는 400바트
혼자서 쏭 태우를 이용하기엔 너무 비싸고
여덟 명이 찰 때까지 기다리자니 지루하다.
쏭 태우 기사는 평생을 기다렸는데
나는 잠시가 불편하다.
오지 않은 사람들을 기다리자니
매살롱은 실재하지 않는 공간 같고

동화책에 있는 마을 같다.
백석이 찾았던 묘향산 부근 어느 마을
그도 이렇게 기다렸으리라.
출발하는 시각도 없이 사람이 차면 가는
매살롱은 너무 멀고
기다림에 지친 나는
오가는 사람들 모두 매살롱에 가는 것만 같아
반갑고 사람이 그리워진다.
매살롱은 나를 불안하게 만들고
매살롱은 나를 들뜨게 한다.

매살롱 가는 길 2

매살롱은 멀어도 가야하니
쏭 태우를 전세 냈다.
가다니 병원 앞에서
손을 들었다, 아이를 업은 여인과
두 아일 안고 손잡은 여인
아낙들 얼굴이 검고 누렇다.
기사가 쏭 태우를 세우고 그들을 태우니
길이 환해진다.
말이 통하지 않는
기사는 주사 맞고 간다는
시늉을 한다.
이 쏭 태우는 내가 전세 냈으니
공짜로 타는 건 당연
기사는 흐뭇해하고
나는 기사가 좋아진다.
멀었던 매살롱이 가까워진다.
하나 둘 목적지에 내려서 가슴에 손을 모으고
코쿤캅, 감사하단 인사를 한다.

인사 끝에 벌린 입
앞니가 빠져 있다.
아편으로 노년이 일찍 왔다.
코끝이 시려온다.
오래오래 사십시오.
나도 가슴에 손을 모으고 답례를 했다.
매살롱이 눈앞에 다가온다.

하모니카 소리

추운 날 북한산 올랐다가
수유리 삼양동 버스 종점에서
늦은 시간 버스를 탔습니다.
대여섯 명 몸 옴츠리고 추위와 싸우는데
남루한 옷을 입은 한 사내가
주머니에서 하모니카를 꺼내 붑니다.
과꽃이 피고
아빠하고 꽃밭도 만들고
덜컹거리며 버스는 가는데
 소리를 듣던 다른 한 사내가 갑자기 소리를 버럭 지릅니다.
"아, 하모니카 불지 마시오."
버스는 조용해지고 차는 터덜터덜 갑니다.
그러다가 하모니카가 다시 울립니다.
버스는 불안하게 갑니다.
조마조마하게 갑니다.
"아, 하모니카 불지 말라니깐…"
곧 버스는 조용해집니다.

적막하기까지 합니다.
이윽고 하모니카가 내리는데
눈자위가 불그스레합니다.
조금 가다가 버럭 아저씨도 내립니다.
눈물이 그렁합니다.
딸네 집 가는지 작은 보따리 든 아주머니도 내립니다.
눈가가 촉촉합니다.
나도 하모니카 소릴 보듬고
아무도 기다리지 않는 공덕동 골방으로 갑니다.
혹시 과꽃 같은 누이가 아랫목에 밥 묻어놓고 기다릴 지도 모르지요.
내가 내리면
버스도 하모니카 소릴 생각하며
과수원길 갈 겁니다.
새끼줄 따라 핀 나팔꽃 보러 갈 겁니다.
덜컹덜컹 갈 겁니다.

냉이꽃 비나리

해[日] 주소서
하느님
땅님
가을에는 잠들게 했다가
봄이면
마당귀 사립문 아래
쪼그리고 앉아
웃을 수 있게
해주소서.

해설

농경사회의 눈으로 세상보기
― 조성순의 시세계

정대호 (시인, 문학평론가)

1.

조성순 시인이 두 번째 시집을 낸다고 발문을 써 달라고 했다 글재주가 멀이지는 내가 써 주기에는 다소 주제넘은 감이 있다. 그러겠다고 대답은 했지만 내가 이 글을 써도 되나 하는 생각으로 오랫동안 고민을 했다. 그는 글재주가 좋은 시인이고 나는 글 읽기가 다소 서투른 시골 서생이라 서로 격에 맞지는 않은 것이 아닌가 하는 생각을 한참 했다. 그러나 돌이켜 보면 내가 쓰는 것이 남들보다 조시인의 시를 더 잘 볼 수 있는 것이 있지 않을까 하는 생각에서 용기를 내어 써 보기로 했다.

조성순 시인은 고등학교 동기다. 고등학교 3학년 때 같은 반에 있었다. 아마 옆에 같이 앉은 적도 있었다. 나는 성격이 활달하지 않다. 아무나와 쉽게 어울리지 않았다. 그래서 그와는 아주 가까운 친구도 아니고 그렇다고 거리감을 가지고 있는 친구도 아니다. 어울리기는 하지만 내 속을 다 드러내어 이야기를 하는 관계는 아니다. 우리들은 그냥 같은 시대를 살아가면서 어울리면 가까운 친구이고 떨어져 있으면 그냥 연락도 없이 몇 년씩 지내기도 한다. 하지만 가끔은 생각이 나서 그 친구 지금은 무엇을 하고 있을까 하고 궁금해 하는 그런 관계의 친구다. 고등학교를 졸업하고 동성로에서 그를 한 번 만났다. 아마 그때 그는 대입재수를 하고 있었던 것 같다. 그는 머리를 빡빡 깎고 어깨에 가방을 메고 걸어가고 있었다. 간단하게 인사를 하고 지나쳤다. 내가 판단하기에 그는 대학입시 공부를 하는 것이 아니라 정신적으로 심하게 방황하고 있는 것 같았다. 그의 말과 행동과 얼굴에서 나는 그것을 읽었다. 대학에 다니는 나는 그것이 아주 부러웠다. 답답하게 숨 막히는 대학생활을 하는 내가 보기에 그는 너무나 분방해 보였다. 헤르만 헤세의 소설 가운데『청춘은 아름다워라』라는 제목이 있다. 청춘은 마음껏 방황하고 고뇌할 수 있어서 아름답다. 나는 고등학교에 다닐 때부터 집을 떠나 마음껏 아파하고 방황하는 시간을 가지고 싶었다. 그것이 몇 주이어도 좋고 몇 달이어도 좋고 몇 년이 되면 더 좋다고 생각하고 있다. 그러나 지금까지 한 번도 그렇게 하지 못했다. 학교에 매이고 집에 매이고 직장에 매여 내게 주어진 것을 하기에 급급했다. 내가 하고 싶은 것을 마음껏 해보고 후회하고 성찰하는 그런 시간을 갖지 못했다. 일탈은 때로는 아름다운 것이다. 가보지 못한 것을 잠시나마 가 본다는 것. 새로운 세상에 대한 체험과 낯선 세계에서 오는 신기함. 이것은 새로운 삶의 출발을 위한 준비로 어쩌면 당연히 필요한 것인지도 모른다. 방황하고 고뇌하는 것도 억지로는 되지 않는 모양이다. 동성로에서 햇빛에 반짝거리며 빛나는, 빡빡 깎은 머리를 한 그가 저만치 걸어가고 있었다. 그 모습이 아주 강열한 인상으로 아직도 내게 남아 있다. 그 모습은 그가 남들과 달라서 기성세대와 사회에 대한 치열한 반항을 드러내는 것 같기도 하고 머리는 어느 정도 길러야 한다고 생각하는 관습에 대한 탈피를 선언하는 것 같기도 하였다. 그가 유유히 사라지는 길을 한참 동안 멍청하게 서서 바라보았다.

고등학교에 다닐 때, 그는 문재文才였다. 교지에서 그의 시들을 신선하게 읽었다. 그때에는 내가 문학을 공부하리라고는 생각도 하지 않았다. 그때에는 내가 역사소설에 깊이 빠져 있었다. 박종화 이광수 김동인 현진건 등의 역사소설들을 닥치는 대로 읽었다. 시에 대해서는 별로 관심이 없었다. 특별히 좋아하는 시인도 없었고 흥미 있게 읽은 시집도 없었다. 그런 내가 그는 시를 참 잘 쓴다고 기억하고 있다. 동성로에서 만난 이후 그때 그의 모습이 그는 언젠가 좋은 시를 쓸 것이라고 말해주었다. 그는 좋은 시인이 될 것이라고 생각했다.

2.

58년 개띠인 우리들의 세대는 긴 인류의 역사에서 보면 아주 특수한 세대다. 60년대에는 농경사회의 생활 속에서 어린 시절을 보냈고(그는 농촌인 예천 출생이다), 70— 80년대의 산업화 시대에 고뇌하고 방황하는 청소년기를 보냈으며 90년대 이후의 정보화 시대에 장년기를 얼쩡거리고 있다. 살아온 시간에 비해 사회의 변화 속도가 매우 빨랐던 편이다. 가치관이 형성되고 생각의 논리가 이루어지는 중학교까지는 농경사회인 시골에서 자랐다. 눈을 감거나 잠이 들면 자신도 모르게 늘 그 시절의 집과 산과 들의 이미지들이 정신세계를 지배하고 있다. 여유가 있는 느림의 세상이다. 그러나 고등학교 이후는 도시에서 쭉 살아왔다. 농촌에서 도시로 주거의 이동만으로도 많은 변화라고 할 수 있다. 거기에 70년대 이후의 산업화로 인한 도시의 변화 속도는 연도 별로 스펙트럼을 펼치면 엄청나게 빨랐다. 조선시대와 비교하면 빛의 속도만큼 빨랐다고 할 수 있다. 눈을 뜨면 현실은 이미 어제의 모습이 아니다. 옛사람들은 산천은 옛날과 같은데 인간은 어느새 변했다(늙었다)고 많은 시에서 노래했다. 우리 세대를 좀 과정해서 말하면 인간은 어제와 같은데 산천은 어느새 변했다. 생각은 어제와 같은데 세상은 이미 많이 변해버렸다. 자고 나면 어느새 낯선 사회에 서 있는 자신을 발견한다. 세상만 변하는 것이 아니라 생각도 변화해야 한다. 그래야 살아있는 척이라도 할 수 있다. 살아있는 척하기. 이것도 쉬운 것이 아니다. 이런 세태를 반영하는 것이 요즘 텔레비전에서 '나는 자연인이다'는 프로그램을 사람들이 좋아하는 지도 모른다. 그들은 문명을 거부하고 전근대의 자연 속에서 전근대의 자급자족의 삶을 되풀이하며 변화가 느린 삶을 즐긴다. 문명의 빠른 변화속도를 거부하고 자신이 생각하는 자신의 삶을 누린다. 그렇지 못한 현실적 세속의 사람들은 이런 세속의 변화로 인해 늘 정신적으로 안착하지 못하고 낯선 사회, 낯선 시대를 살아간다. 공동체의식이 강했던 어린 시절의 농경사회 의식에 젖어서 생각하고 행동하다가 보니 이기적 개인주의인 산업사회에서 방외인 취급을 받았고 산업사회에 조금 적응하려고 노력하고 있는데 컴퓨터가 일반화되고 인터넷이라는 정보가 범람하는 사회에서 시대의 낙오자처럼 취급받는 엉거주춤한 세대가 되었다.

  전근대의 농경사회는 1차 공동체가 생활의 중심이었다. 농사를 지으면서 살아가는 사람들은 아침에 일어나서 일하는 논밭이나 잠을 자는 방 안 모두가 한 마을이라는 공간에서 이루어진다. 일상의 모든 삶이 가족과 이웃이라는 공동체의 관계 속에서 이루어진다. 1차 공동체는 생활공동체다. 이해관계를 초월해 있다. 이에 비해 산업 사회는 2차 공동체가 생활의 중심이 된다. 삶의 터전이 공장이나 회사가 된다. 1차 공동체에 비해 삶의 터전이 대규모로 커진다. 밤낮 얼굴을 맞대는 가족 중심의 삶에서 낮에만 얼굴을 맞대는 잘 알지도 못하는 사람들 속에서 살아간다.

  교통의 발달로 생활공간인 집과 사회활동이 이루어지는 직장이 분리된다. 가족이 함께하는 집에서 보내는 시간은 줄어든다. 잠을 자는 시간을 빼면 하루 가운데 아주 짧다. 반면에 이해관계로 이루어지는 직장은 아침에 출근해서 저녁에 퇴근할 때까지로 잠을 자지 않는 시간의 절반 이상을 차지한다. 산업사회에서 직장이라는 공간은 고용주와 피고용자가 계약관계로 이루어진다. 이 계약은 이해에 의해 성립한다. 이 이해관계가 맞지 않다고 판단하면 일자리를 언제든지 바꿀 수가 있다. 마르틴 부버는 『나와 너』라는 책에서 농경사회에서 산업사회로의 변화를 '나와 너'의 관계가 있는 사회에서 '나와 그것'의 인과율이 무제한으로 지배하는 세계로의 변화를 의미한다고 보았다. 1차 공동체가 생활의 중심인 농경사회에서는 부모와 자식의 관계, 부부의 관계, 친구의 관계, 이웃의 관계, 혈연의 관계, 학연의 관계, 지연의 관계 즉 다양한 관계가 인정의 끈으로 서로를 묶어둔다. 합리성의 관점에서는 효율성이 떨어지지만 인간과 인간 사이의 유대를 가질 수 있다는 점에서 고독이나 소외를 느끼지 않는다. 그러나 이해의 인과율이 무제한으로 지배하는 2차 공동체 중심의 사회는 냉정하다. 이익이 되지 않으면 바로 타인이 된다. 이것은 자본주의 사회든 사회주의 사회든 마찬가지다. 이러한 기계적 인과율의 지배를 대표적으로 상징하는 것이 아파트의 층간 소음문제로 인한 갈등이나 북한이 자랑하는 카드섹션과 같은 것이다. 아파트 층간 소음문제의 갈등은 이웃과의 단절된 현상을 그대로 보여준다. 서로가 이웃에 대한 배려가 전혀 없다. 모두가 자기중심으로 행동하고 판단하기 때문에 발생하는 문제다. 북한의 카드섹션도 자신에게 주어진 카드만을 정확한 시간에 정확이 움직이는 것을 의미한다. 옆 사람의 카드를 대신 들어줄 수 없다. 개인의 사정으로 자신의 카드를 놓쳐버리면 전체의 일사불란한 행동이 깨어진다. 카드를 들 수 없는 사람이 생기면 그 사람을 교체하면 그만이다. 꼭 특정한 누군가 그 카드를 들어야 하는 것은 아니다. 카드 펼침의 지휘자는 각자의 위치에 가장 적합한 카드놀이를 할 수 있는 사람을 찾아서 배치할 수 있는 사람이다. 훌륭한 지휘자는 그것을 가장 잘 실천하는 사람이다. 근대 사회는 기업이나 국가 조직도 이와 같다.

근대의 산업사회는 이해에 민감하게 움직이는 사람들을 합리적이라고 한다. 이런 것은 노동시장에서도 광범위하게 지배한다. 임금이나 노동정도의 이해관계에 따라 노동자들은 합리성을 찾아 이동하는 것을 당연히 여긴다. 고층 아파트의 같은 줄에 수십 세대가 살면서도 이해관계가 없으면 누구인지도 모르고 지낸다. 우리들은 거대한 도시의 수많은 사람들 속에서 각자가 고립된 섬 안에서 살고 있다.

여기서 정보화 사회로의 이행은 인간의 삶을 더욱 고립시킨다. 산업화 시대에는 이해관계를 바탕으로 하고 있어도 사람과 사람이 만나서 이야기를 나누었다. 정보화 시대에는 인간과 인간의 대면 자체가 사라져 간다. 대표적인 것으로 인터넷 구매를 들 수 있다. 인터넷 시장에서는 자신이 필요한 상품들을 여러 곳에서 물건과 가격을 비교해 보고 자신이 사고자 하는 물품을 선택한 다음, 대금을 결제하면 택배로 물건이 배달된다. 전자메일도 마찬가지다. 메일로 필요한 것을 주문하고 택배로 배달하면 사람들의 만남은 사라진다. 한 15년쯤 전에 김주영 소설가를 만난 적이 있다. 김 선배님은 전자 메일의 발달로 신문에 소설 연재를 하면서도 사람과 사람의 만남이 사라졌다고 했다. 과거에는 문예부 기자가 원고를 받아갔고 한 달에 한 번씩 신문사에 가서 원고료를 받아왔다고 했다. 원고료를 받는 날에는 후배 작가들이나 평론가들과 술을 마시면서 작품 이야기도 나누었다고 한다. 그러나 전자 메일 시대가 되면서 사람과의 만남이 다 사라졌다고 했다. 전자 메일로 원고를 전송하고 통장으로 원고료가 입금되면 모든 거래가 끝난다는 것이다. 사람과의 접촉은 자체가 사라져버렸다고 한다.

전근대적 구매가 동네 가게로 상징된다면 근대적 구매는 대형마트, 정보화 사회에서의 구매는 바로 인터넷 시장이라고 할 수 있겠다. 이제 정보화 사회는 편리라는 이름으로 사람과의 만남은 자꾸 줄어든다. 사람들을 각자 자신의 방 안이라고 하는 고립된 공간으로 유폐시킨다.

3.

조성순 시인은 모든 사물을 독립된 것으로 인식하지 않고 관계 속에서 이해한다. 정보화 시대를 살아가면서 농경사회의 유추방식을 그대로 가지고 있다. 미술 평론가 유홍준은 『나의 문화유산 답사기』에서 문화유산은 아는 것만큼 느낀다고 말한 적이 있다. 기와 조각 하나에서도 그 시대의 문화적 특징을 유추할 수 있고 굴러다니는 성돌 하나에서 거기에 있었던 성의 축조 시기와 성 건축의 특징들을 읽어낼 수 있다. 그 때 기와 하나 돌 하나를 찾아내는 것은 매우 가치 있는 발견이다. 마찬가지로 사물도 관계 속에서 이해될 때 가치가 있고 아름답다. 어린 아이는 자신의 어머니가 이 세상에서 가장 아름답고 소중하다고 생각한다. 바로 자신의 어머니이기 때문이다. 다른 사람들과 비교해서 어머니가 객관적으로 어떻게 평가되는가는 중요하지 않다. 아이에게는 어머니이기 때문에 아름답고 소중하다.

> 두만강 하면 가슴이 아프고 눈시울이 절로 붉어져
> 길을 가다가도 이름이 보이면 손 내밀어 악수하고픈
> 나의 두만강이여
> 보고 싶다는 말 백 번이고 천 번이고 하고 싶구나.
> 사람 속이는 일 없이 그냥 순박한 사람들의 땅
> 토문이 고향인 할아버진 끝내 돌아가지 못하였어.
> 내 어릴 때 이름은 두만이

갈 수 없는 고향에 대한 그리움이 내게로 향했지.
두만강을 가고 싶지만 두만강은 너무 멀고
슬프지만 눈물이 말라 있을 때
두만강아, 난 너를 보러 가리봉동 옌벤족마을
수줍게 불 밝히고 이름 걸고 있는 네게로 간다.
초두부 소배필 이런 낯선 이름을 혀끝으로 기록하며
가만가만 강심으로 가본다.
나라가 동강난 날
강개하여 목숨을 끊어버린 우리 큰형님
이젠 생사의 주소를 바꾸어야 만날 수 있지만
그래도 두만강 그리운 이름을 입속에 되뇌며
초두부며 소배필 이런 음식을 몸속에 모시면
그리운 우리 형님, 아우야 하며 찾아올 것만 같아
두만강식당에 가서 음식을 찾는다.
중탕한 초두부를 먹으면 술기운이 가시고
소배필 수육을 먹으면 없던 힘도 솟구친다.
게다가 두강주 한잔이면
형님 우리 형님, 통일에 목숨 바친
우리 형님, 어느새 앞에 와 물끄러미 나를 바라보신다.
아우야, 내 아우야
형님, 우리 형님
반가워 울다 지쳐 서로 부르다 보면
분단이 멀어지고 통일은 금방 이뤄질 것만 같아

두만강아, 네게 가서 초두부, 소배필, 날된장에 생파를 찍어먹으며
통일을 염원해본다.
목메어 부르고 부르다보면
내 몸에 들어와 굳은살이 된 분단은 조금은 말랑해지고
통일은 콩닥콩닥 고동치는 것이다.

―「두만강식당」의 전문

두만강이 조 시인에게 아주 특별한 것은 할아버지의 고향이 토문이기 때문이다. 할아버지의 고향 연변. 할아버지가 끝내 돌아가지 못한 땅. 그 할아버지와 관계가 있기 때문에 조 시인에게도 특별히 소중하게 생각되는 곳. 그러나 현실적인 남북 분단으로 갈 수 없는 곳. 원래 자연 상태로도, 그의 고향인 경상도 예천 땅이나 그가 살고 있는 서울에서나 우리나라의 북쪽 끝의 국경선인 두만강은 거리가 멀다. 거기다가 남북 분단으로 휴전선이 막혀 갈 수 없기 때문에 심리적으로 더욱 멀게 느껴지는 곳이다. 그래서 조시인은 현실적으로 두만강과 관계가 있는 대리 지역으로 가리봉동 옌볜족마을에 애착이 가고 또 초두부며 소배필 같은 음식에서도 특별한 관련성을 찾고 있다. 할아버지의 고향 토문땅이 낯선 이국의 땅이 아니라 살갑게 느껴지는 우리의 땅이 되기 위해서는 남북통일이 먼저 되어야 한다. 그리하여 조 시인은 남북통일에 대한 특별한 기대감을

가지고 있다.

감꽃 속에서 아버지는 삼십년을 누워계십니다.

내가 낳은 아이들 어느덧 아홉 살 일곱 살 터울 좋게 자라 감꽃을 목에 걸고 늙은 감나무 무릎에 앉아도 보고, 아득히 떨어지는 감꽃별을 얼굴에 맞아보기도 합니다.

- 쉬이, 조심해라. 할아버지 다치실라.
- 아빤, 거짓말쟁이. 할아버지가 감꽃 속에 누워계신대.

깔깔거리는 아이들 잇몸에서 노오란 감꽃이 피어오릅니다.

그러나 아이들이 저만치 사라지자 어느새 아버지는 감꽃 속에서 나와 무명실 그득 감꽃별을 꿰어 내 목에 걸어주십니다. 그리고 말없이 내 손을 꼬옥 잡아주십니다. 쿨룩거리며 아버지 방으로 돌아가는 발걸음마다 선홍빛 감꽃이 오늘따라 짜장 붉습니다.

아버지 만나러 온 장산리의 밤
십일월의 감꽃별들 내 가슴에 우수수 떨어집니다.
삼십년 전 그때처럼 떨어집니다.

―「감꽃」의 전문

고등어가 어머니를 업고 왔다.

흰 광목 차일이 하늘을 가리고
데리고 온 비릿한 갯내가 땅거미로 걸려있는 곳
비좁은 나무궤짝 속에 몸 비비며 누워있거나
큰 놈 작은 놈 생각 벗은 몸을 서로 동무하여 새끼줄에
의지한 채

밥 짓고 난 잿불에 몸을 굴리기도 하고
옹관에 누워 불길 따라 몸 들썩이며 숨 쉬다가
둥근상에 오르는

바다가 먼 내륙에선
제삿날이나
귀한 손이라도 온 날
수평선 같은 푸른 등줄기가 눈에 띄었다.

…중략…

-여보, 제주도에서 손님 오셨다오.
-여보, 구룡포에서 당신 엄니 오셨소.

머리 허연 파뿌리들 청와대 구경 왔다가
도마뱀 같은 열차타고 단풍놀이 갔다가
문득 그리워
밀폐된 비닐 팩에 담겨
나를 만나러 오시는
어머니

―「고등어」의 일부

  앞의 두 시에서 보듯이 조 시인은 감꽃을 보면 그 속에서 아버지를 만나고 고등어를 보면 어머니를 만난다. 감꽃 속에는 어린 시절 아버지가 감꽃을 무명실에 꿰어 목걸이를 만들어 주던 모습을 생각한다. 고등어에서는 어린 시절 어머니가 부엌에서 잿불에 구워 밥상에 올린 그 고등어가 생각난다. 감꽃과 고등어에서 시인은 어린 시절의 아버지와 어머니의 모습을 떠올린다. 감꽃과 고등어는 독립된 객체로 존재하지 아니한다. 시인에게 이들은 아버지와 어머니를 만나게 하는 매개물이다. 평화로웠던 어린 시절이 함께 얽혀 있다. 누구나 도처에서 흔히 볼 수 있는 감꽃과 고등어가 시인에게는 특별한 존재다. 일반인들이 보는 감꽃과 고등어가 지닌 실용적 가치나 미적 가치는 시인에게 중요하지 않다.

  이런 관계 맺기는 주로 조 시인의 유년기의 체험과 관련된다. 조 시인이 체험했던 유년기는 1960년대로 우리나라는 농경사회였다. 집과 마을이 생활의 터전이고 경제활동의 주요 무대였다. 이 시대에는 인정이 지배하는 사회였다. 따뜻한 인정이 얽힌 관계에 의해 모든 것이 이해되고 파악되던 시대였다.

누구의 꿈이 걸렸나?

비 갠 오후
동녘 하늘에 높이 뜬 고운 얼굴

엄마 손잡고
공원에서 불던 비눗방울에 언뜻 비치던
황홀

어릴 적 침 묻혀 꾹꾹 눌러가며 쓰던
그림일기 속 별빛 같은

슬프거나 우울할 때
찾아와 달래주던

시름 많은 사람들
울지 말라고, 힘내라고
말없이 띄워놓은

하늘나라

색동편지

―「무지개」의 전문

　이러한 인정이 지배하던 사회는 조 시인에게 이미 지나간 과거인 유년기의 체험일 뿐이다. 이 시 「무지개」에서 보듯 그것은 이미 현실에서 존재하지 않는 '누구의 꿈'이 되었다. '어릴 적 침 꾹꾹 눌러가며 쓰던' '그림일기 속 별빛 같은' 것이다. 그러나 그것은 '시름 많은 사람들 / 울지 말라고, 힘내라고 / 말없이 띄워놓은 / 하늘나라 / 색동편지'였다. 이 시에서 '하늘나라 색동편지'는 중의법으로 읽힌다. 무지개가 하늘에 걸려 있다는 의미이자 현실적으로 존재하지 않는 하늘나라에서나 있는 것이다. 그러면 왜 현실에서는 무지개가 유년기의 무지개의 기능을 상실했을까. 유년기의 무지개는 한낱 낭만적인 것에 치부되는 것이 되었는가. 조 시인은 왜 이 문제를 제기하고 있는가. 이것은 이 시집을 읽으면서 재미있는 탐색 중의 하나가 될 것이다.

4.

　농경사회는 산업사회에 비해 인식의 순환구조가 길다. 긴 시간의 연속 가운데 현재가 무엇인지 파악한다. 예를 들어 농사를 지으면 보통 1년을 순환 단위로 인식한다. 보통 봄 여름 가을 겨울을 한 순환주기로 하여 계획을 짠다. 가을에 논에 보리를 심고 겨울을 지나 봄 동안 김매기를 하고 초여름쯤 수확을 하면 바로 모를 심고 여름내 김매기를 하고 가을에 수확한다. 그래서 부엌살림을 하는 어머니들은 추수가 끝나면 1년 단위로 식량을 비축한다. 여기에 비해서 산업사회의 월급쟁이는 1달 단위로 생활을 계획한다. 월급을 받아서 어떻게 쓸 것인가를 다음 달 월급을 받을 날짜를 계산해서 계획을 세운다. 과수 농사를 짓는 경우는 일반농사를 짓는 사람보다 순환구조의 계산이 더 길다. 그들은 어린 묘목을 심어서 몇 년 동안 길러 열매를 수확한다. 그 나무가 생명을 다할 때까지 오랜 세월의 시간을 그 밭의 경작에 대해 계획한다.

제주도
서귀포시 표선 바닷가
홀어미로 늙은 주모
4.3 때
아비는 산사람들한테
지아비는 토벌꾼들에게 보내고 나서
만들어온 전복해물사월탕
그 맛이 기가 막혀
…중략…
오른손으론 아비 생각하며 흘린 눈물
왼손으론 지아비 못 잊어 내린 눈물

해물탕에 넣고 푹푹 끓인다는 걸

그 맛 잊지 못한 사람들
시도 때도 없이
산지사방에서 찾아오네.
표선 바닷가 홀어미로 늙은 주모
푹푹 끓인 눈물탕 그리워 찾아오네.

—「사월식당」의 일부

  조 시인은 제주도 표선 바닷가의 전복해물사월탕이 맛있는 비결이 늙은 주모의 오랜 인생의 눈물의 한이 담긴 것이라는 것을 알아챈다. 제주 4.3 항쟁 때 그 늙은 주모는 "아비는 / 산사람들한테 / 지아비는 토벌꾼들에게 보내고 나서 / 만들어온 전복해물사월탕"이다. 그녀의 삶은 해방직후의 혼란상으로 친정도 시집도 모두 파괴된다. 친정은 산사람한테, 남편은 토벌군한테. 이것이 우리민족의 현실이었다. 1945년 8월 15일 일본이 패망하고 북은 소련군, 남은 미군이 진주한다. 일본의 패망으로 우리민족은 우리민족의 손으로 우리민족의 나라를 세우려고 했으나 현실은 외세의 새로운 진주로 그것이 어렵게 된다. 당시 우리민족은 80퍼센트 이상이 문맹이었다고 한다. 이러한 현실은 온 국토를 갈등의 소용돌이에 몰아넣게 된다. 이 갈등으로 인해 가정은 파괴되고 젊은 여인이 혼자 세상의 파도를 헤쳐 나가야 할 처지에 놓이게 된다. 젊은 여인이 제주바다보다 더 막막한 인생의 파고를 헤쳐 나가는데 얼마나 많은 어려움이 있었겠는가. 낮에는 일이 바빠 정신없이 육체노동을 하고 밤마다 캄캄한 인생의 미래를 생각하며 눈물의 한을 삭혔으리라. 그렇게 해서 표선 바닷가 홀어미 늙은 주모가 만들어내는 전복해물사월탕은 그녀의 손끝에서 묻어나는 인생의 눈물이 서려있기 때문에 맛이 있다고 조 시인은 말한다. 다 같은 전복해물탕이라도 음식재료인 전복의 신선도나 양념의 차이가 만들어내는 맛이 아니다. 늙은 주모의 굴곡진 인생살이의 한도 제주바다의 신선한 전복과 그 양념에 보태어져 우러나는 해물탕이 되어 그 맛을 만들어내는 것이다. 비단 음식 맛만 그러한 것이 아니다. 우리네 인생의 아름다움도 그러한 것이다.

송광사에서 선암사 가는 길 아름답다고, 눈 내린 조계산 눈꽃보고 울지 마라는 바람이 전하는 말씀 듣고 마음 내서 여장 꾸려 송광사 아래 여인숙에 하룻밤 유숙했습니다. 길 가는데 새벽예불도 아니 볼 수 없는 의식이라 다음 날 곱은 손 부비며 갔지요. 대웅전을 흔드는 웅장한 예불 소리에 모골이 송연했습니다. 그런데 언제부터인가 남루한 옷을 입은 한 사내가 자꾸 흑흑 흐느끼며 두 손 모으고 절을 하는 겁니다. 예불 드리는 스님 가운데 한 분은 이제 그만하시라고 달래는데 그 속한은 무가내로 그저 흑흑 울며 참배만 합니다. 이제 와서 죄송하다는 듯 느껴 울며 절만 할 뿐이었습니다. 장엄한 사물 의례도 보고 송광사에서 선암사 가는 그림 같은 길 걸으며 눈꽃도 보고 선암사 무지개 돌다리도 보고 사는 곳 아득히 돌아왔지요. 돌아오니 송광사 예불도 조계산 눈꽃도 선암사 돌다리도 아니 생각나고 그날 새벽 남루한 옷을 입고 대웅전 바닥에 엎드려 울던 그 사내만 떠올랐습니다. 일 년 십 년 삼십 년이 지나도 그 사내는 내 가슴에 엎드려 울고 있습니다. 내가 그 사내 되어 대웅전 바닥에 머리 조아리고 울고 있습니다. 그 사내는 전생의 나였습니다. 송광사 새벽예불 드리러 가야겠습니다. 혹 다음 생의 내가 느껴 우는 나를 몽매하게 바라보고 있을지 모를 일입니다.

—「송광사 새벽예불」의 전문

 사람들은 흔히 송광사에서 선암사로 가는 길이 아름답다고 말한다. 그래서 조 시인도 송광사 아래 여인숙에 하룻밤 유숙하고서 다음날 대웅전 새벽예불에 참여한다. 거기서 한 속한이 막무가내로 참배하며 우는 모습을 본다. 스님이 그만하라고 달래는데도 아랑곳하지 않고 그는 울면서 절만 한다. 조 시인은 이 모습을 아름답다고 오래오래 기억하고 있다. 조 시인은 조계산을 비롯한 송광사 자연풍광의 모습도 보고 웅장한 대웅전도 보았다. 선암사의 돌다리도 보았다. 하지만 그 사내의 참회의 눈물을 흘리며 우는 모습만이 송광사에 대한 기억으로 오래오래 남아있다. 그 이유는 무엇일까. 아름답다고 생각하는 것은 사람마다 다르다. 청초한 난을 아름답다고 하는 사람도 있고 농염한 장미를 아름답다고 하는 사람도 있다. 아니면 송광사에서 선암사로 가는 길이 아름답다고 하는 사람도 있다. 물론 다 그 나름대로의 아름다움이 있다. 그러나 조 시인은 남루한 차림으로 새벽예불을 하며 서럽게 눈물 흘리고 계속하여 절을 하는 속한의 모습이 그 어떤 아름다운 것보다 더 아름답다고 보았다. 오랜 세월 동안 인생의 방황을 거듭하며 자신을 성찰하면서 눈물을 흘릴 수 있다는 것. 긴긴 인생에서 보면 이것이 진짜 아름다운 모습이 아니겠는가. 부유한 집에서 태어나 집안의 부에 갇혀 산 사람이나 머리가 좋아 공부를 잘해 쉽게 인생의 귀를 누린 사람, 아름다운 외모를 가지고 태어나 남의 부러움을 사며 쉽게 인생을 살아가는 사람들은 유한한 인생에서 가슴 깊숙이 우러나는 삶의 아름다움을 모르고 일생을 살아가는 것인지도 모른다. 나락의 절망 속을 살아보기도 하고 그 어려움을 멋지게 헤쳐 가보기도 한 사람들은 살면서 인생의 참다운 맛이 바로 이것이구나 하고 깨달았을는지도 모른다. 조 시인이 오랜 시간이 지나서도 머릿속에 송광사하고 생각하면 그 속한의 참회하는 장면만 남아있다고 한 것은 그 사내의 모습에서 인생의 아름다움을 보았기 때문이다. 자연 풍광의 한 장면에서 느끼는 아름다운 모습, 잘 생긴 외모의 이성을 보고 느끼는 아름다운 모습, 화려한 화장을 하고 화려한 옷으로 치장한 여인의 아름다운 모습. 이런 것들은 모두가 일시적인 시각적 미각에서 느끼는 것이다. 그러나 남루한 차림으로 아침예불에 참여하여 계속하여 절을 올리며 우는 속한의 모습에서는 한 순간의 모습을 통해 그의 삶의 인생내력을 읽어낼 수 있다. 그 장면이 아름다운 이유는 그의 인생유전이 아름답다고 생각하기 때문이다. 그것은 바로 자신의 인생살이에 대한 통찰과 이어지기 때문이다.

5.
조 시인은 청년기로 접어들면서 모든 가치평가들이 산업사회의 시장논리로 급격히 바뀌는 것을 체험한다. 산업사회는 자본주의 사회든 공산주의 사회든 전근대의 인정을 중시하던 것에서 이익의 논리가 중심이 되게 바뀐다. 자기중심의 더 이익이 되는 것을 선택할 수 있는 능력을 우리는 합리성이라고 한다. 이것을 시장논리라고 한다. 사회구성의 중심이 되는 세력이 농부에서 상·공업인으로 바뀐다. 과거에는 땅이 물적 토대였다. 산업사회에서는 생산시절을 가진 공장주나 유통능력을 가진 상인들이 사회의 물적 토대를 형성한다. 사회는 이해중심으로 인간관계가 이루어진다. 인간과 인간의 만남이 이익을 주지 못하면 없어진다. 전근대의 농경사회에 비해 인간관계의 끈이 약해질 수밖에 없다. 과거나 미래는 고려 대상이 안 된다. 급박하게 변하는 순간의 이익만이 고려대상이 될 뿐이다.

저 년 봐라
저 미친년 봐라
앙앙대는 저 년을 봐라
발 동동 구르며 안달복달 하는 너를 보면
적당히, 란 말은 구실에 지나지 않아
은유나 상징도 빛 좋은 개살구
은근 따윈 없다
애오라지 날아가는 총알이다
과거도 없고 미래도 없다
현재만 있을 뿐

새라면
장산곶매
대장장이 손끝에 불꽃이 튀고
으르렁거리는 용광로
임이야 울건 말건 돌아가는 물레방아
첫사랑에 징징대지 않고
추억에 연연하지 않고
오직 지금
더운 피 달래주는
짜장 사랑하는

나의 춘향아

―「선풍기」

'선풍기'는 조 시인의 시에서 근대 문명의 이기적 사고의 상징으로 쓰였다. 선풍기는 '시도 때도 없이 앙앙대는 저년'으로 '발 동동 구르며 안달복달 하는 너'로서 '적당히, 란 말 따위 구실에 지나지 않아 / 은유나 상징도 빛 좋은 개살구 / 은근도 없다 애오라지 / 날아가는 총알이다 / 과거도 없고 미래도 없다 / 오직 현재만 있을 뿐'이다. 이런 선풍기는 정서적인 감정이 없다. 기계적으로 사랑하고 행동할 뿐이다. '새라면 / 쉼 없이 유유히 날아' '목표물을 한 번도 벗어나지 않고 낚아채'간다. 냉정한 이성과 정확성의 상징이다. 냉정함을 앞세우는 합리성은 자신에게 더 많은 이익을 줄 수 있는 것을 선택할 수 있는 능력을 말한다. 이를 바탕으로 한 정확성은 피도 눈물도 없는 실천성을 전제로 한다. 그래서 조 시인에게 선풍기는 '네 손발은 바쁘고 수고로우나 / 네 중심은 언제나 고요하다' '옆길로 눈 한번 주지 않고 / 정진하는 선지식'이다. 냉정한 이성을 내세우는 근대문명은 '첫사랑에 징징대지 않고 / 추억에 연연하지 않고 / 황금보다 현금보다 값진' '오직 지금뿐'으로 살아간다. 이렇게 문명의 이기를 추구하면서 우리들은 정작 중요한 것들을 잃어버렸다.

가로수가 뽑히고
전기가 나갔다.
천둥과 번개를 몰고 온 태풍으로
컴퓨터도 하던 일을 멈추고
출제하던 시험 문제도 다른 세계로 떠났다.

수돗물도 끊기고
텔레비전도
묵언 중이다.

아이들은
휴대전화를 들고 뭐라 외치고 있고
아내는 멍하니 소파에 앉아 있다.

거리엔
자동차들이 상기된 두 눈을 부릅뜨고 어디론가 질주하고
뇌가 없는 사람들이
내용 없는 말을 지껄이고 있다.

불이 나가고서
내 머리에 불이 들어왔다.

잃어도 잃은 것을 모르고

가져도 가진 것을 모르고
소중한 게 무엇인지 모르는 헛똑똑이

비 그친 텃밭에
파꽃이 느낌표 하나씩 들고 곧게 서 있다.

―「정전」의 전문

 우리들이 살아가고 있는 근대문명의 특징을 한 마디로 표현하면 편리의 추구라고 할 수 있다. 더 편리한 것을 더 효율성이 있다고 말한다. 이 시에 나오는 근대문명의 이기를 한번 늘어보자. 전기, 컴퓨터, 수돗물, 텔레비전, 휴대전화, 자동차 등이다. 우리는 이런 것들이 없는 사회를 한번 생각해 보자. 그런 삶을 잠시도 살지 못할 것으로 생각한다. 이런 편리를 누리는 동안 우리들은 늘 바빠야 한다. 생각할 여유가 없다. 이렇게 살아가는 사람들을 조 시인은 "뇌가 없는 사람들이 / 내용 없는 말을 지껄이고 있다."고 표현했다. 그러는 사이에 우리는 소중한 것들을 잃어버렸다. 일상의 사물이나 사람에게서 관계를 잃어버렸다. 관계를 잃어버리면서 '그것 혹은 그'와 '나 혹은 우리들'의 끈을 잃어버렸다. 사람에 대한 믿음을 잃어버렸다. 냉정한 합리적 인간관계 속에서 '나'가 아닌 '타자'에 대해서는 비판적 의심으로 관찰하는 것이 되어버렸다. 그러는 사이에 '나'는 무수한 사람들의 바다 속에서 고립된 섬이 되어버렸다. 무수한 사람들의 바다 속에서 외로운 '하나'가 되어버렸다.

6.

조성순 시인은 잃어버린 끈을 찾을 수 있는 방법을 알고 있다. 이것을 우리는 '헌신'이라고 한다. '나'를 버리고 '타자'를 위해서 헌신할 수 있다는 것은 무엇일까. 이때 '타자'는 사람이어도 좋고 사물이어도 좋다. 현실적으로 우리들이 살아가는 산업화·정보화 사회에서는 이것을 찾기가 매우 어렵다. 헌신을 하기 위해서는 계산을 하지 말아야 한다. 우리들이 살아가는 이기적인 현실사회에서는 생각하고 행동하기에 앞서 이로 인해 어떤 이익을 생길 것인가를 먼저 따진다. 이익이 보이면 헌신이 보이지 않는다.

    부도나 탑은 아닐세라
    햇살과 바람과 물과
    흙의 정기를 받은
    한 몸 한 몸
    먼 길 달려와
    산목숨 위해
    발가벗고 쌓아올린
    거룩한 헌신
    위없는 경지
    재계하고 가식 없이 알몸으로 받들어 모신 고봉에

상서로운 눈발 내리다.

—「밥」의 전문

조 시인은 이런 헌신의 아름다움을 '밥'에서 찾고 있다. '밥'은 거대한 구조물이 아니다. 우리들이 날마다 밥상에서 만나는 것이다. 그는 '밥'을 "산목숨 위해 / 발가벗고 쌓아올린 / 거룩한 헌신"이라고 했다. 이는 어떤 인격도 다다를 수 없는 "위없는 경지"라고 했다. 이 '밥'은 '밥'이 되기 위해서 "햇살과 바람과 물과 / 흙의 정기를 받은 / 한 몸"이다. '밥'은 시장가에서 이익의 계산으로 이루어진 것이 아니다. '밥'은 아무리 가져도 '돈'을 달라고 하지 않고 가지지 않아도 왜 가지지 않느냐고 따지는 법 없는 자연만인 '햇살과 바람과 물과 흙의 정기'를 받았기 때문이다. 이기적 도시의 사람들과는 관계가 없다. 그래서 '밥'은 대가를 바라지 않고 "산목숨 위해 / 발가벗고 쌓아올린 / 거룩한 헌신"을 할 수가 있다.

그러나 현실세계에서는 더 이상 이런 '밥'은 존재하지 않는다. 모든 것이 화폐가치로 치환된 돈으로 계산된다. 조 시인은 이것을 매우 잘 안다. 현실적으로 불가능하다는 것을 알면서도 막연히 기다리고 싶다. 그러면 그의 마음 한 켠이 '나는 자연인이다'를 시청하는 사람들처럼 편안해지며 위안을 얻을지도 모른다. 그의 이러한 마음을 멀리서나마 응원하며 「가자미식해」라는 시를 읽으면서 이 글을 마무리하기로 한다.

    속초 아바이촌 어물전 명자네 가게에 가자미식해를 부탁해 놓고
    그 가자미식해가 미시령을 넘어 서울의 내게 오기까지
    고향이 청진인가 북청인가
    술을 마시면 한껏 굴곡진 함경도 사투리를 쓰던
    수학을 가르치던 이 아무개가 찾아오길 기다린다.
    그이는 이젠 나를 만나러 올 수 없고
    또 올 수 없는 걸 알지만
    그곳에서 가자미식해를 먹으며
    가자미 둥근 눈처럼 쌍꺼풀이 굵게 진 커다란 눈을 껌뻑이며
    -이보라우 한 잔 들라
    할 것만 같아
    나도 이곳에서 가자미식해를 시켜놓고 그를 기다리는 것이다.
    가자미식해는 기다리더라도 금방은 오지 않고 또 오더라도
    그가 오지 않는 것은
    기다림이 부족한 나를 시험하거나 뒤늦게 나타나
    반가운 건 이런 거라고 보여줄 것만 같아
    인내심을 갖고 기다린다.

미시령을 넘어 가자미식해가 내게 오기까지
청진 앞바다 파도소리 같은 그를 기다리는 건
쓸쓸하면서도 아름다운 일이다.
술이라도 한잔 들어가면 그 파도소리는 더 굴곡질 것이고
눈발이라도 듣는다면
그와 나는 어깨동무를 하고 허청거리며 청진으로 갈 것이다.
현실은 각박하여
그가 나와 함께 가자미식해를 먹으러 이곳으로 오거나
내가 그곳으로 그를 만나러 가기는 어려울 것이다.
그러나 가자미식해를 고개 너머 저 쪽에 시켜놓고 기다리는 것은
세상엔 내가 아는 것보다 모르는 게 더 많고
그 모르는 것 속에 그가 내게 오거나 내가 그에게 간다는 게 있고
또 불가능할 것도 같지 않아 기다려보는 것이다.
그러고 보면 가자미식해야말로 오묘한 존재인 것이다.
가자미식해를 기다리는 동안 그가 내게로 오고
가자미식해를 먹다보면 어느새 그가 떡하니 내 앞에 앉아
큰 눈을 껌뻑거리며 술잔을 권하는 걸로 보아
가자미식해엔

남과 북이
이승과 저승이
너와 내가
없다.
　　　　　　　　　　　—「가자미식해」의 전문

가자미식해를 기다리는 동안

초판 1쇄 2017년 11월 30일

지은이_ 조성순
펴낸이_ 윤승천
펴낸곳_

등록번호_ 제25100-2013-000013호
주소_ 서울특별시 은평구 가좌로 10길 29
전화_ 02-305-6543
팩스_ 0505-115-6077, 02-305-1436

ISBN 978-89-967527-3-8 03810

책값은 뒤표지에 있습니다.
저자와 협의 아래 인지를 생략합니다.

이 책의 판권은 Km에 있으며 저작권은 저자와 Km에 있습니다.
허가없는 무단인용 및 복제·복사·인터넷 게재는 법에 따라 처벌됩니다.